高古玉 華夏貴族遺珍

Hochantike Jade - Hinterlassene Schätze des Adels des Reiches der Mitte

Classical Jade – Treasures Inherited from the Aristocracy of the Middle Kingdom

高古玉 華夏貴族遺珍
Hochantike Jade · Tausenss Indictat from the Acestereous of the Middle Kingdom
Hochantike Jade - Hinterlassene Schätze des Adels des Reiches der Mitte

# 推 薦 序

　　我是學歷史的，對柯德女士的玉器研究十分佩服。

　　十多年前柯德女士因緣際會之下接觸到古玉，一見鍾情，她知道我是學歷史的，常邀我去看她的藏品，有時我提出一些淺見，卻常得到她的謬賞，隱隱然有把我當成知音的味道。

　　柯德女士為了增進對古玉的瞭解，多次向學者及專家們討教，然而學者們常為避免與商業利益衝突，答覆多避重就輕模稜兩可。專家們則語多玄妙，意在言外。柯德女士花了許多時間與力氣，卻往往不得要領，乃決心自己鑽研。她大量閱讀參照文獻研究（我也推薦了一些書籍及論文），並到處走訪博物館賞看收藏品，又不斷與學者專家及同好們討論，十多年來廢寢忘食的苦心鑽研，逐漸走出一條獨特的路子。

　　她的古玉研究，大量比對各處館藏相似藏品，參照文獻史料，博采諸多學者專家相關研究成果，而不受學術見解過度的束縛，以其識力、眼力與研究心得，就藏玉之器型、紋飾、風格等提出獨到見解，進而推定用途、年代（例如書中之 36 玉貯貝器之研究與判斷），在

在言之有物，絕無模稜玄虛之語。尤其難得的是她對古玉的摯愛與熱情，不但讓她常能觀察入微，能言人所不能，更能藉由她與古玉情感的流通，讓千年古物重新展現生命。她的文字清麗，又饒富趣味，沒有一堆不易看懂的術語，而言之成理，讓實物與文獻相印證，兼具學術性與通俗性。

近日看到書稿的圖版，精美清晰賞心悅目，足與柯德女士之研究文字心得相得益彰。本人認為本書實可稱為玉癡柯德女士賞玉二十年心得的一家之言，絕對值得愛玉人士參考印證。謹此大力推薦。

東海大學歷史系教授

唐 啟 華

2014 年 6 月 14 日

# 自 序

　　中華民族是個愛玉敬玉崇玉的民族。直到今日，玉對中國人或華人仍有著無比的吸引力。

　　遠在石器時代，從早到晚，大家都在與石為伍的時代，埃及人玩大石頭，有了金字塔，中國人玩美石，開始了玉文化。金字塔如何造成的，到現在仍是一個謎？而華夏古玉同樣令人不解是如何使用簡單的工具創造出來的？

　　華夏玉文化可以追溯到約八千年前的興隆洼文化───北方最古老的文明，興隆洼遺址出土了目前所知最早的磨光玉器─玉玦，也是目前所知世上最古老的耳飾；而七千年前的河姆渡文化───南方最古老的文明，先民也已將玉石製作成璜、玦、管、珠等佩飾來裝扮自己。這些玉飾器形雖簡單，但也經過一番琢打磨光；先民在求溫飽，與大自然搏鬥的環境下，仍不忘製作美麗飾物，滿足精神的需求。對美的嚮往可以說是一種凌駕於物質需求的精神需求。

## 玉石硬度高，先民究竟如何打磨的？
## 迄今我們也只能推測。

據推測，先民製造了轉動的石砣輪，採集硬度高於玉石的石材作成解玉砂，用手或腳搭配弓弦轉動石砣輪，再利用繩線、獸骨、木杵配合解玉砂進行切、鑽、鋸、磨。到了商代出現了銅，春秋早期開始有了鐵，砣輪改以銅、鐵製作。但治玉的工序變化不大。就在這樣簡單的工具下，先民創造了無數精彩絕倫的玉器，尤其是尚周秦漢的玉器──一般稱之為高古玉──除了精美，更是中華文化的載體。

古玉與中華文化的不解之緣在在表現在先民的生活方式、思想與藝術創作中。先民認為沒有什麼是比玉更珍貴與純淨的。「君子比德于玉」。「君子無故玉不去身」佩玉是當時高雅的風尚。孔子認為玉代表仁、知、義、禮、忠、信諸多德性。比德于玉標榜的是君子的德行操守。

在中國最早的詩歌總集《詩經》小雅篇： 記述周天子在洛陽接見諸侯，諸侯歌頌周天子的情形：

**「瞻彼洛矣，維水泱泱。君子至止，韠琫有珌。君子萬年，保其家室。」**
「看那宗周洛水長，又深又廣滿泱泱。君子來到了這裡，上琫下珌刀

鞘亮。君子長壽活萬年，能夠長保家室昌。」（註：此處採袁愈荌，唐莫堯的
詩經譯注）。

　　珪、珌是當時皇家及王公貴族寶劍上鑲嵌的玉飾。對周天子的歌
頌，眾人注目的焦點卻是他的玉劍飾，可見當時上層社會風行玉佩
飾。

　　《詩經》鄭風篇，描寫一名女子在城闕等候她的情人的焦急心情：

**「青青子佩，悠悠我思。縱我不往，子寧不來？」**
「你那青青的佩玉綬帶，我悠悠思念在懷。難道我不去找你，你就不
肯來找我？」

　　《詩經》秦風篇，寫一名女子思念她出征的丈夫：

**「言念君子，溫其如玉」**
「我想念那君子，他溫文如美玉」。

另一則 描述外甥與舅父惜別的依依之情：

**「我送舅氏，悠悠我思！何以贈之？瓊瑰玉佩！」**

「我給舅舅送行，常常思念他在懷！拿點什麼贈送他？贈以美麗玉佩代表我心！」

## 平民百姓不分男女同樣喜愛玉佩。

玉已融入先民的生活中。玉更是尊貴身份的象徵，被製作成玉璽、禮器、儀仗器、工具、生活用具、裝飾、擺設品等；器物的造型、紋飾都有著豐富文化內涵。留存在世的出土高古玉絕大多數曾是我華夏貴族的珍品。我揀選若干高古玉精品細加研究，本書《高古玉—華夏貴族遺珍》即是研究成果的發表。

# Preface

The Chinese have revered jade since ancient times. Through the ages, their fascination with the precious stone was unparalleled. In China, even today, jade is highly appreciated and admired.

In the Stone Age craftsmen worked mainly with stones. While the Egyptians constructed pyramids, the Chinese produced fine jade works and developed a culture of jade. We do not know exactly how the pyramids were built; it remains equally puzzling how ancient jade was worked with primitive stone tools.

Chinese jade culture has a long and fascinating history. The remains of the 8000-year-old Neolithic Xinglongwa culture ( 興 隆 洼 文 化 ) in Inner Mongolia, the oldest civilisation in northern China, contain fine cut jade earrings. The 7000-year-old Neolithic Hemudu culture ( 河 姆 渡 文 化 ) in southern China produced jade earrings and pendants. The forms were rather simple, but the objects were finely cut and worked. Even in those times, when the fight for daily survival stood at the centre of life, beautiful ornaments were highly appreciated. The longing for beauty was always a spiritual experience, beyond all material needs.

Jade is a very tough stone, which makes it difficult to work. How did the ancient Chinese cut and work jade? We can only guess. A type of rotating stone saw already existed in the Neolithic Age. Probably by using ropes, animal bones, wooden pegs, quartz grit and bamboo, jade was split, cut, sawn, drilled and polished. In the Shang period, bronze tools were introduced and, starting in the Spring and Autumn period, iron was also in use. With these primitive tools, skilled workers created wonderful pieces of jade. Especially jade from the early epochs and dynasties of Shang, Chou, Chin, Han – the classical antique – is not only incomparably beautiful; it is also a unique symbol of Chinese tradition.

To the Chinese mind, jade reflects lifestyle, thought and artistic creativity. Nothing is more precious and pure. This is echoed in such sayings as: *The noble compares his virtues with jade or The noble will never groundlessly lay down his jade jewelry.* Confucius compared the virtues of man with jade, which stands for benevolence and intelligence, honesty and righteousness, loyalty and good faith.

The oldest Chinese text collection, the *Book of Odes*, describes the emperor of the Western Chou dynasty at a meeting with his nobles in Luoyang as follows :

" *Looking across the vast waters of the Luo river the emperor arrived,*
  *The scabbard of his sword decorated with precious jade,*
  *May our Lord live myriads of years and preserve his house."*

This homage to the emperor draws special attention to the splendour of his jade ornaments, which again shows the importance and popularity of jade in those times.

Many elaborate works of jade belonged to aristocratic or élite families. The Book of Odes, on the other hand, shows the high esteem which jade enjoyed also among simple people. A woman expecting her lover impatiently at the city gate says:

*"O you, with the pendant of jade on a blue string at your belt.*
  *All time long I yearn for you.*
  *Even if I don't go to see you,*
  *Why don't you come to me?"*

Another woman remembers her absent husband in war:
*" I think of my lord, he is mild as jade."*

In another ode, a nephew reflects on his uncle's departure:

*" I am saying farewell to my uncle, often I think of him!*
*What can I give him as a present?*
*I'll give him a beautiful pendant of jade,*
*It speaks for my heart!"*

Women and men appreciated jade equally. It played an important role in their communal life. It was a symbol of magnificence and social rank. Imperial seals as well as ritual and ceremonial instruments and decorative ornaments were made of jade; their shapes and designs are full of symbols.

*Classical Jade - Treasures Inherited from the Aristocracy of the Middle Kingdom* discusses the important role of jade in Chinese culture and contains a description of a selection of jade artifacts dating back to the early Chinese epochs and dynasties.

# Vorwort

Seit alters her schwärmen Chinesen für Jade. Sie wird bewundert und hoch geschätzt. Jade übt bis heute eine große Faszination auf Chinesen aus, die ihres gleichen sucht.

In der Steinzeit beschäftigte sich die Menschheit allgemein mit Steinen. Während die Ägypter Pyramiden errichteten, bearbeiteten die Chinesen „schöne Steine". Sie entwickelten eine faszinierende Jade-Kultur. Bis heute ist es ein Rätsel, wie die Pyramiden erbaut wurden. Ebenso unerklärlich ist es, wie die antike Jade mit primitiven Steinwerkzeugen bearbeitet werden konnte.

Dic chinesische Jade-Kultur blickt auf eine uralte Geschichte zurück. Unter den Funden der etwa 8000 Jahre alten neolithischen Xinglongwa-Kultur（興 隆 洼 文 化）in der Inneren Mongolei, der ältesten Zivilisation im Norden Chinas, wurden geschliffene Jade-Ohrringe entdeckt. Auch in der etwa 7000 Jahre alten neolithischen Hemudu-Kultur（河 姆 渡 文 化）, der ältesten

Zivilisation in Südchina, finden sich Jade-Ohrringe und -Anhänger. Die Formen des Jadeschmucks sind zwar schlicht, aber sie sind fein bearbeitet und geschliffen. Bereits in einer Zeit, in der der Kampf ums tägliche Überleben im Vordergrund stand, legte man Wert auf schönen Schmuck. Die Sehnsucht nach Schönheit ist ein über das Materielle hinausgehendes ästhetisches und geistiges Bedürfnis.

Jade ist bekanntlich sehr hart. Wie haben die damaligen Menschen Jade geschnitten und bearbeitet? Wir können es nur vermuten. Wahrscheinlich besaß man bereits im Neolithikum eine mit der Hand oder dem Fuß über eine Bogensaite in Rotation versetzte Steinkreissäge. Mit Hilfe von Seilen, Tierknochen, Holzpflöcken und Quarzsand wurde Jade gespalten, geschnitten, gebohrt, gesägt und poliert. Ab der Shang-Zeit wurden auch Werkzeuge aus Bronze verwendet und seit der Zeit der Frühlings- und Herbstannalen gab es eiserne Kreissägen. Dennoch änderten sich die Verfahren zur Bearbeitung der Jade kaum. Mit diesen primitiven Werkzeugen schufen die Handwerker hervorragende Jadestücke. Vor allem die Jade-Gegenstände der frühen Epochen und Dynastien der Shang, Chou, Chin und Han – die auch als Hochantike Jade bezeichnet wird - sind nicht nur unvergleichlich schön, sie sind auch Symbolträger chinesischer Traditionen.

Jade ist mit der chinesischen Kultur seit jeher eng verflochten. In ihr spiegeln sich Lebensart, Denken und künstlerische Kreativität wider. Für chinesisches Empfinden gibt es nichts, was kostbarer und lauterer wäre als Jade: *„Der Edle vergleicht seine Tugend mit Jade". „Der Edle wird seinen Jadeschmuck niemals ohne Grund ablegen".*

Jadeschmuck war schon damals elegant und in Mode. Konfuzius verglich die Tugenden mit Jade, die für Güte steht, für Wissen, Rechtschaffenheit und Anstand, Loyalität und Vertrauen.

Die älteste chinesische Textsammlung, das *„Buch der Lieder"*, beschreibt den Kaiser der östlichen Chou-Dynastie auf einem Fürstentag in Luoyang:

*„Über die weiten Wasser des Luohe kam unser Herr,*
*seine Schwertscheide verziert mit kostbarer Jade.*
*Möge er zehntausend Jahre bleiben und sein Haus bewahren."*

Diese Huldigung des Kaisers stellt die Pracht des Jadeschmucks in den Mittelpunkt. Das verrät viel über die Bedeutung und die Beliebtheit der Jade in jener Zeit.

Das „*Buch der Lieder*" berichtet auch von einfachen Leuten, zum Beispiel von einer Dame, die ihren Geliebten ungeduldig am Stadttor erwartet:

> „*O du mit dem Jadeanhänger am blauen Band am Gürtel,*
> *Schon lange sehne ich mich nach dir.*
> *Wenn ich auch nicht gehe dich zu sehen,*
> *Warum kommst du nicht zu mir?* "*)*

Ein anderes Mal dachte eine Frau an ihren im Krieg befindlichen Ehemann:

> „*Ich gedenke meines Herrn, er ist mild wie Jade.*"

Ein weiteres Lied erzählt vom Abschied eines Neffen von seinem Onkel :

> „*Ich verabschiede meinen Onkel, oft denke ich an ihn!*
> *Was kann ich ihm schenken?*
> *Ich werde ihm einen schönen Jadeanhänger schenken,*
> *der für mein Herz spricht!*"

Das zeigt, dass Jadeschmuck bei Frauen und Männern gleichermaßen beliebt war. Jade nahm im geistigen und gesellschaftlichen Leben eine herausragende Stellung ein. Sie ist Symbol für Erhabenheit und gehobenen gesellschaftlichen Rang. Aus Jade wurden kaiserliche Siegel, Ritual- und Zeremonialgeräte, gefertigt, Schmuck und Dekorationen, deren Formen und Muster voll kultureller Symbolik sind. Viele aus dieser Zeit erhaltene Jadestücke stammen aus dem Besitz des Adels. Ich habe eine Auswahl klassischer Jade der frühen Epochen und Dynastien untersucht, die im vorliegenden Band „Hochantike Jade – *Hinterlassene Schätze des Adels des Reiches der Mitte"* näher dargestellt werden sollen.

*) Vgl. P. Eugen Feifel, S.V.D. Geschichte der chinesischen Literatur, Darmstadt 1959 S. 75

# 高古玉 華夏貴族遺珍

Classical Jade – Treasures Inherited from the Aristocracy of the Middle Kingdom

Hochantike Jade - Hinterlassene Schätze des Adels des Reiches der Mitte

**推薦序** 東海大學歷史系教授 唐啟華 p2

**自序／Preface／Vorwort** p4

**導言** p24

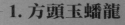
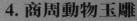

**1. 方頭玉蟠龍**

**2. 玉柄形器** —— p28

**3. 二玉虎**

　　（一）商代玉虎

　　（二）戰國玉虎

**4. 商周動物玉雕**

　　玉虎 商代晚期

　　玉鸚鵡 商代晚期

　　玉鸚鵡 商代晚期

　　玉蜥蜴 商代晚期

　　玉鳥 商代晚期

　　玉鳥 商代晚期

　　玉鳥 商代晚期

　　玉虎 商代晚期

　　玉魚 西周

　　魚形耳勺 西周

p26

p31

p34

p34

p33

p33

p33

p33

p36

p37

玉虎 商代晚期

玉虎 商代晚期

玉虎 商代晚期

玉螳螂 商代晚期

玉牛 商代晚期

蠶 商代晚期

玉豬 商代晚期

玉豬 商代晚期

玉兔 商代晚期

玉熊首人身 商代晚期

玉鳥 商代晚期

玉豬 西周

玉駱駝 西周

伏臥人面娃 西周

玉貓頭鷹 西周

蟾蜍 商

玉人 春秋

玉鳥 春秋

玉虎 戰國

p37

p35 p35

p38

p40

p41

**5. 鳳紋玉琮** ————————

年代：西周

**6. 玉鉞** ————————

年代：西周

p42

p44

# 高古玉 華夏貴族遺珍

*Classical Jade – Treasures Inherited from the Aristocracy of the Middle Kingdom*

Hochantike Jade - Hinterlassene Schätze des Adels des Reiches der Mitte

p45

**7. 柄形佩**
年代：西周

p46

**8. 勒子**
年代：西周

p47

**9. 玉美人**
年代：西周

p49

**10. 三組玉組佩**

（一）龍鳳紋玉組佩
年代：西周

（二）龍型玉組佩
年代：戰國

（三）穀紋玉組佩
年代：戰國

p54

**11. 西周龍鳳玉環佩**

**12. 三玉犀牛**

p55

**13. 玉觿**
年代：春秋

p56

**14. 玉犧尊**
年代：春秋

p57

**15. 獸面紋玉佩**
年代：春秋晚期

p61

**16. 玉戟儀仗器**
年代：春秋

p62

p66

**17. 禮儀器二件**

年代：春秋

**18. 戰國出郭玉瑗兩件**

p69

p71

**19. 攻城水戰漁獵圖玉鑒**

年代：戰國

p78

**20. 穀紋玉編鐘**

年代：戰國

p80

**21. 雙獸四力士劍座**

年代：戰國

p82

**22. 玉鉞禮儀器**

年代：戰國

p85

**23. 玉鉞佩**

年代：戰國

**24. 龍鳳珮**

p86

年代：戰國

p87

**25. 玉爵**

年代：戰國

**26. 透雕龍鳳穀紋璧**

年代：戰國

p91

**27. 玉虎符**

玉符（一）

年代：戰國

玉符（二）

年代：戰國至漢

# 高古玉 華夏貴族遺珍

Classical Jade – Treasures Inherited from the Aristocracy of the Middle Kingdom

## Hochantike Jade - Hinterlassene Schätze des Adels des Reiches der Mitte

**28. 穀紋龍鳳珮** ——————
年代：戰國至西漢　　p94

**29. 透雕龍紋璧**
年代：戰國至西漢
p95

**30. 勒子** ——————
年代：戰國至西漢　　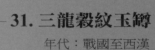 p96

**31. 三龍穀紋玉罇**
年代：戰國至西漢　　p97

**32. 龍首乳丁紋玉罇**
年代：戰國至西漢

**33.「達為」印座** ——————
年代：秦朝　　 p103

**34. 玉跪射俑**
年代：秦朝
p107

**35.「文帝行璽」** ——————
年代：西漢　　 p109

**36. 玉貯貝器** ——————
年代：西漢　　p112

**37. 旋轉玉罐** ——————  p119
年代：漢

p128

## 38. 三組母子獸
年代：漢代

（一）母子龍

（二）辟邪母子獸

（三）虎彪母子獸

p129

## 39.「波羅揭諦」印
年代：東漢

p134

## 40. 玉駱駝
年代：東漢

p137

## 41. 玉馬尊
年代：東漢

p143

## 42. 三異獸繞行圓筒
年代：東漢

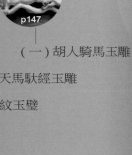
p145

## 43. 山羊與小熊玉佩
年代：東漢

## 44. 東漢隨葬玉器

p147

（一）胡人騎馬玉雕

p150

（二）天馬馱經玉雕

p152

（三）遊龍穀紋玉璧

p153

（四）玉帶鉤 兩件

獸面紋帶鉤

人面紋帶鉤

p155

（五）展翅神獸

（屬於有翼神獸或稱辟邪獸）

p156

（六）雲紋龍鳳珮

## 跋 p157

目錄

高古玉 華夏貴族遺珍
Classical Jade - Treasures Inherited from the Aristocracy of the Middle Kingdom
Hochantike Jade - Hinterlassene Schätze des Adels des Reiches der Mitte

# 導　言

　　我收藏古玉迄今雖有二十年，但實際下筆寫書是最近兩年的事。2010 年前還在外交工作崗位上，沒有時間去「玩物養志」。當時還蠻相信所謂的專家。常常拜訪專家，聆聽高見，結果請教五個專家，會有五個不同的意見。常聽到的論點是：古人不可能做出如此精美的玉器！或精美的藏品都在博物館了。

　　博物館的藏品若是現場發掘的，斷代正確，沒有什麼好爭議的，但「十墓九空」，精品不多。對於非現場的古物的斷代就需要調度你所有的知識去分析；因而更了解歷史，歷史也因你的收藏而活了起來。一般說來，我更相信藏家，勝於行家或專家，因為藏家有實物，可經年累月把玩觀賞，進而累積相關知識。

　　中國的考古大家李濟，律己甚嚴，不曾收藏一件古物，成為考古界的表率。不收藏古物成了考古界的內規。考古界的專家容易將現場發掘的古物當作標準器來衡量非現場發掘的古物。他們由於沒有市場的實物經驗，按圖索驥的結果，非常有可能錯失了真正的、有價值的

古物。

　　既然專家不盡可信，於是我決定自行研究。此書即是研究成果的發表，當然會有不足之處，但拋玉引玉，希望專家、行家，當然還有同好的藏家與有興趣的讀者，提出看法，共同切磋，更希望大家認識中華玉文化，珍視先人在玉器藝術方面的成就。

　　書名定為《高古玉—華夏貴族遺珍》乃是因我因緣際會高檔入門收藏古玉，收藏一段時間以後，更與同好常相切磋，多方尋訪藏家，觀賞他們的藏品，比較自己的藏品，結果發現自己獨鍾情於漢之前的古玉，尤其是商周秦漢的玉器，而這時期的古玉，收藏界稱之為高古玉；商代之前（史前）的古玉，稱之為遠古玉或太古玉；魏晉南北朝至唐宋元時期的稱之為中古玉；明清時期的稱之為古玉。

　　商及商之前的精美玉器主要用於祭祀，象徵著神權與王權的結合；周至漢，美好玉雕幾乎是皇室與王侯等貴族的專利，象徵著皇權或統治階級，平民百姓用的許是簡單的玉飾與玉佩；到了唐宋以後玉器方才平民化，進入尋常百姓人家。

　　周至漢的封建時代，貴族不僅重視血統，也重視禮、樂、 射、御、書、數六藝的人文教育，講究高雅精緻的生活；當然，太超過，就成了紙醉金迷的浮華生活。貴族們承擔著更多的社會責任，隨時以「天下為己任」。在藝術創作方面，龍成了貴族的圖騰。留下的諸多玉器，讓我們得以一窺當時上層社會的品味。

高古玉·華夏貴族遺珍
*Classical Jade - Treasures Inherited from the Aristocracy of the Middle Kingdom*
Hochantike Jade - Hinterlassene Schätze des Adels des Reiches der Mitte

# ① 方頭玉蟠龍

**年代：商代晚期**

尺寸：長：9 ㎝　高：6.3 ㎝

▲ 蟠龍作蹲踞狀，臣字形眼，頭成方形，兩耳服貼頂上，張口露齒，
軀體蜷曲，背脊作扉棱狀；身尾飾陽線菱形紋與三角紋。

　　商代後期的玉蟠龍除圓雕外，尚有型態不同的片雕，風格均類似，
惟蟠龍頭頂上的東西，沒有人說清楚過：或稱之為「兩鈍角后伏」、
「頭上兩後伏的錐形角」、「角呈瓶形」、「蘑菇形角」等等。我稱它為兩耳，因為它有眼、口、鼻，應該也有兩耳，如此除了能口吃四方、眼觀六路（上下左右前後）外，還能耳聽八方。

▲圖片顯示兩耳服貼於雙眼後方。

　　這是在本書出現的第一個龍的造型，以後我們還會碰到不同的龍的造型與紋飾。

　　中國人總是以「龍的傳人」自許，對中國人來說，龍是代表尊貴、吉祥，而且是神祕不可侵犯的。龍早已是中國人的圖騰了。至於龍到底是什麼？眾說紛紜，沒有人說清楚過。

　　龍是什麼？我喜歡玉器專家那志良先生的說法（請參那志良：《中國古玉圖釋》153 頁起），他說「龍是天上的閃電」。那氏提到：在古籍中只有描寫龍的神祕記載，而沒有提到龍的實際形狀。漢朝人許慎著《說文解字》，對於龍的解說是：「能幽能明，能細能巨，能短能長，春分而登天，秋分而潛淵」。

　　這正是描述閃電的變化：春天到了，春雷初響（即「驚蟄」也），大地回春，萬物開始萌芽生長；先民們看到天邊突然出現一個 S 形的光束，動作迅速，尚來不及問那是什麼？天邊又傳來「隆隆」聲響！先民認為能在天空閃動發光，必然是天上的神物囉！這個神物變化多端 ── 能幽能明，能細能巨，能短能長，而且它的出現總是伴著隆隆聲響，以致這個神物的象形文字形如閃電，而它的發音自然就是「隆（龍）」了！秋分以後就聽不到雷聲，看不到閃電，這個神物自是潛入深淵了！

　　這個神物就叫作「龍」，成為了皇權的象徵，歷代帝王都自命為龍，使用器物也以龍為裝飾。上下數千年，龍已滲透了華夏社會的各層面，凝聚生活在這塊土地上的子民。龍成了中華民族與文化的象徵。對每一個炎黃子孫來說，龍的形象已是一種符號，聯繫著血脈相聯的情感，至於它原本是什麼已不重要！

高古玉 華夏貴族遺珍
Classical Jade - Treasures Inherited from the Aristocracy of the Middle Kingdom
Hochantike Jade · Hinterlassene Schätze des Adels des Reiches der Mitte

## ② 玉柄形器（體成方柱形，亦可稱為方柱形器）

**年代：商代**

尺寸：長：10.5 cm　寬：1.6 cm　厚：1.6 cm

◀ 上端兩側各有一孔，兩孔相
通。全器琢有兩層獸面紋，層
與層之間飾以凹槽紋。

▼ 底部飾一臣字目之獸面。

　　此玉器的雙鉤陰線形成的線紋，在視覺上予人淺浮雕的感覺，由
於缺乏「減地」的特徵，用手指觸摸並沒有凸起的感覺。應是最原始
的淺浮雕。

◀四面的獸面，如果從直角的角度
觀之，每層對角的兩直角呈現立
體的面相 。兩層視野方向剛好錯
開，以致可以眼觀八方。

這件玉器的形制有可能係源自「男根」。在世界許多古文明如古
希臘、古印度，「男根」都是生命與創造力的象徵。時至今日日本神
奈川縣川崎市還傳承了一項傳統祭祀稱之為「鐵男根祭」，祭祀一位
名叫「鐵男根」的大神，人們相信靈神可帶來子孫，增強性能力與轉
運。這一類的玉柄形器在我商、西周時代很可能是一件隨身佩帶的護
身符。

台灣中央研究院的「歷史文物陳列館」（Museum of the Institute of
History and Philology, Academia Sinica）在介紹殷商玉柄形器提到：「考
古學家遇到不知名的出土器物，常會依其外形命名」，玉柄形器就是
在這種情況下被命名的。同一介紹文章提到：

「大陸學者曹楠，近年對玉柄形器作了綜合性的研究，他推測柄形
器的使用方法：一、玉柄形器末端有短榫可插嵌在器座上，便於擺放
在桌上或捧在手中，如後岡出土朱書祖先的柄形器，可作為祭祖的牌
位。二、另有部分柄形器的末端有鑽孔，可繫繩懸掛在胸前或佩戴在
腰間。其用途是玉質的禮儀用器，可用於多種禮儀活動，可捧在手中、
佩戴在胸前、懸掛於腰間。( 曹楠 2008.2:164) 總之，從考古發現的柄
形器出土情況及其質地和形制特徵來看，目前學界多認為是禮器，但
具體的功用與象徵意義仍待解決」。

另據考古資料顯示，從夏、商一直到西周時期，製作精良的玉柄
形器還是集中於規格較高的貴族墓。出土位置是在墓主人的胸部和腰
部，也有放在頭部、手部和足部附近的；據以判斷：它是可隨身佩戴
或懸掛的器物。

另類似文物請參考楊伯達主編的《中國玉器全集（上）》131 頁，
玉柄形飾。

以上資料併提供讀者作為進一步研究的參考。

# ③ 二玉虎

## （一）商代玉虎 長：19.5 cm 寬：7 cm 高：8.3 cm

▲虎尾琢淺浮雕臣字目

▲虎背陰刻臣字目

▲周身佈滿淺浮雕對稱紋飾，張口露齒，雲形耳，突眼，眼珠瞳孔因沁色成黑色，更見有神，長尾後伸並向上蜷曲。

　　虎作行進偷襲狀，背脊略拱起，雙耳直立，全神貫注，正準備近距離攻擊，張力十足。虎身雖佈滿抽象圖騰紋飾，但形制已趨向寫實。

## （二）戰國玉虎　長：6.7 cm 高：2.2 cm

▲虎身佈滿游絲雲紋與釘金沁。

　　與上面的商虎比較，戰國虎更具張力，游絲紋增加了動感，而後天形成的釘金沁意外地使得老虎更顯自然寫實。

▲兩玉虎大小比較

#  商周動物玉雕

　　關於商周動物玉雕的造型、紋飾，在許多談論古玉的書籍裡都已有詳細的論述，本書就不再就紋飾等細節贅述。僅提供圖片及尺寸供參考。

▲ 玉虎　商代晚期
扁平雕 長：7.8 cm

▲ 玉鸚鵡　商代晚期
扁平雕 高：6.5 cm

▲ 玉鸚鵡　商代晚期
扁平雕 高：7.8 cm

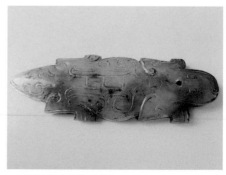

▲ 玉蜥蜴　商代晚期
長：8 cm
臣字目，位於頭表。

◀玉鳥 商代晚期
長：10.6 cm 厚：0.35 cm

◀玉鳥 商代晚期
長：12 cm 厚：0.4 cm

◀玉鳥 商代晚期
長：12.5 cm 厚：0.4 cm

◀玉虎 商代晚期
扁平雕 長：9.5 cm

◀玉魚　西周

長：10.5 cm

請參考 楊伯達《中國玉器全集（上）》
第 202 頁 第 257 圖 玉魚

▲魚形耳勺　西周

　長度分別為 11 cm，10.5 cm，9.4 cm

▲玉虎　商代晚期

　長：7 cm 臣字目

▲玉虎　商代晚期
　　長：8.5 cm　臣字目

▲玉虎　商代晚期
　　長：5.8 cm　臣字目

▲玉螳螂　商代晚期
　　長：5.3 cm　兩眼外凸

◀玉牛　商代晚期
　　長：5.5 cm

◀蠶 商代晚期
　長：6.5 cm

◀玉豬 商代晚期
　長：6 cm

◀玉豬 商代晚期
　長：6.5 cm

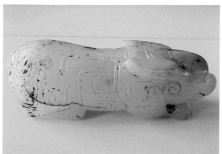

◀玉兔 商代晚期
　長：5.8 cm

◀玉熊首人身 商代晚期

高：4.5 cm

◀玉鳥 商代晚期

高：4.8 cm

◀玉豬 西周

長：6.5 cm

◀玉駱駝 西周

長：7 cm

◀伏臥人面娃 西周
　長： 5.5 cm

◀玉貓頭鷹 西周
　長：6.7cm

◀蟾蜍 商
　長：10.9 cm
　有釘金沁

▲玉人　春秋

高：5 cm

這件玉人的造型相當
有趣：挺胸、手扠腰、
膝蓋微屈。無獨有偶，
在那志良《中國古玉圖
釋》（第273頁）發現
一個十分相似的造型的
圖片。手繪如下圖。

◀玉鳥 春秋
高：4.1 cm

◀玉虎 戰國
長：15.2 cm 厚：0.6 cm
請參考 那志良《中國古玉圖釋》
第 11 頁 戰國玉虎。

附註：

　　這裡介紹的商、周玉雕動物，有許多身上沾有鐵屑或有鐵沁的痕跡，如玉鸚鵡、玉熊、玉鳥、魚形耳勺等；而我國於春秋時代進入鐵器時代，到了戰國才大量使用鐵器。合理的解釋是：這些玉器應是於春秋戰國時代或之後入土才會沾到鐵器的鐵銹。這些完成於商代或西周的玉器，有可能一代傳一代，傳承有序地到了戰國時代，被主人連同鐵兵器一併帶入墓葬，才會形成商周玉器也會有鐵銹沁的情形。關於商周動物玉器的研究報告相當多，我從眾，根據相關出土玉器的紋飾資料來作對比斷代。

　　戰國時期儒家倡導厚葬，「事死如生」，風氣使然，上位者生前營造大墓，死後，其所珍愛的物件均送進陵墓供其繼續玩賞使用。

# ⑤ 鳳紋玉琮

**年代**：西周

總高：8.2 cm　正方形寬：8.5 cm　孔徑：4.5 cm

　　全器成正方形，內圓外方，四面雕，紋飾同。四面各飾一雙站立之鳳鳥，每只鳳鳥頭部都盤旋一龍，其頭部落在鳥尾的部位；而鳥足下踩一仰臥的龍。紋飾對稱。

　　玉琮一般認為是祭地的禮器，琮與璧、圭、璋、璜、琥合稱為六種禮器，古人稱之為「六瑞」。《周禮》記載「以玉作六器，以禮天地四方：以蒼璧禮天，以黃琮禮地，以青圭禮東方，以赤璋禮南方，以白琥禮西方，以玄璜禮北方」。

　　內圓外方、中有圓孔的形制，可能是先民「天圓地方」宇宙觀的體現。

高古玉 華夏貴族遺珍
*Classical Jade - Treasures Inherited from the Aristocracy of the Middle Kingdom*
Hochantike Jade - Hinterlassene Schätze des Adels des Reiches der Mitte

## ⑥ 玉鉞

**年代：西周**

長：12.9 cm 最寬：7.5 cm 厚：0.3 ‒ 0.05 cm

　　全器由細陰線及一面坡粗線（一側壓地）組成雲雷紋及雲紋，上半
部飾透雕螭龍及相互纏繞的曲線；中間最寬處刻有小鳥頭為飾。全器
左右對稱，兩面雕，紋飾相同；線條流暢美麗。如此俊秀之器，作為
禮器似嫌不夠威嚴，或許它僅是作為觀賞用的擺件？

# ⑦ 柄形佩

**年代：西周**

尺寸：長 10.5 cm 厚約 0.3 cm

兩面雕，紋飾同。

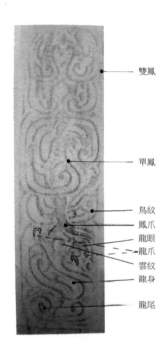

雙鳳

單鳳

鳥紋
鳳爪
龍眼
龍爪
雲紋
龍身

龍尾

　　體呈長方形，扁薄，上端雙鳳鳥，圓目鉤嘴，高冠長尾；中央部位立一單足站立的鳳鳥，同樣高冠長尾，圓目鉤嘴，足部強勁有力；足下踏一夔龍，其象徵圖案包括一個單眼、一身軀、龍爪與捲尾，是龍的抽象藝術表現（支解整體的龍紋）。鳳足旁另有一鳥紋，應有其意義，但尚未能解 —— 我相信玉器上的紋飾都有其意義。

　　鳳鳥是西周常見的圖騰。相信如同商人，周人也是把它當作吉祥物或護身符來佩戴。

## ⑧ 勒子

**年代：西周**

長：5.8 cm

◀左二圖為同一勒子的兩面。兩面淺浮雕飾相同；側邊雕有一長尾鳳鳥：長頸、鉤喙、尾蜷曲。

◀管身紋飾經蠟拓放大，可見左右上下相對稱的鳳眼與雙線鉤勒形成的陽紋圖飾 —— 延用商代盛行的雙鉤陰線紋飾。

◀管身呈略扁平管狀。

長尾鳳鳥是典型的西周造型。

此勒子圓潤典雅，想必是某王妃或某公主的隨身佩件。

# 9 玉美人

**年代：西周**

高：10.5 cm 長橢圓形底部最寬處約 1.4 cm

　　這位俏麗的西周美女，拱手站立，體態優雅。服飾上有饕餮及鳳鳥的浮雕。後背腰的高度另有一長尾鳳鳥，鳥面朝外。

美女面帶微笑

服飾上的饕餮浮雕

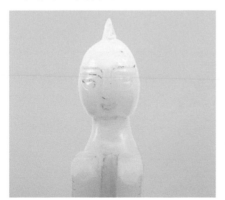
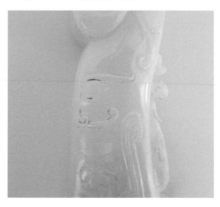

◀服飾左右兩面對稱的各半饕餮紋
飾，經用蠟拓即可清晰看出完整
饕餮的眉眼鼻。

服飾下襬的鳳鳥浮雕及其蠟拓圖

◀蠟拓的淺浮雕長尾
鳳鳥生動活潑

　　玉美人後背鏤空的長尾鳳鳥與前一則的西周勒子的鳳鳥相比，神態
相似。美人散髮陰柔婉約的氣質。她雙手置於胸前的姿態，令人聯想
到新石器時代的含山凌家灘文化的玉立人像（請參楊伯達主編的《中
國玉器全集》〔上〕第38頁），是否有任何關聯及其所代表的意涵？
有待進一步研究。

## ⑩ 三組玉組佩

　　玉組佩是由多件玉器串聯成的懸掛於身上的佩飾玉；根據考古發現最早見於西周，一直流行到春秋戰國，漢代逐漸消亡；其後的朝代雖偶有出土，但已非當朝的時尚物品。

### （一）龍鳳紋玉組佩
#### 年代：西周

　　除人像為單面刻外，其餘的組件都是兩面刻，紋飾相同，厚度達 0.8 cm。

　　此組佩中的二出郭璧（註：玉璧外緣加飾圖紋式樣者稱之為出郭璧），其一上飾鳳鳥紋：長頸、鉤啄，另一飾以抽象龍紋；兩者均線條流暢，以淺浮雕陽紋琢成：其製作係刻雙陰線，雙線外側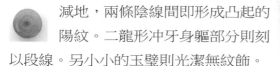減地，兩條陰線間即形成凸起的陽紋。二龍形冲牙身軀部分則刻以段線。另小小的玉璧則光潔無紋飾。

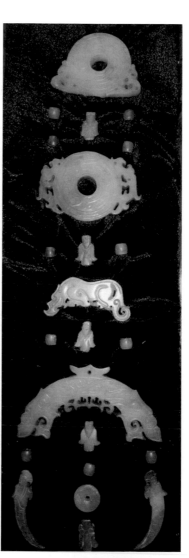

◀ 人像共有五尊，其中四尊面露
微笑，另一尊造型肩上有凸起
的裝飾，沒有面部表情，五尊
頭頂均有穿孔貫穿全身；附屬
的玉珠也都有穿孔。

　　組佩中最大件的是此雙頭璜，長 10.5 cm。 龍眼、身軀、捲尾與龍
爪均採抽象圖示如下 ( 並請參閱本書西周玉柄形佩 )：

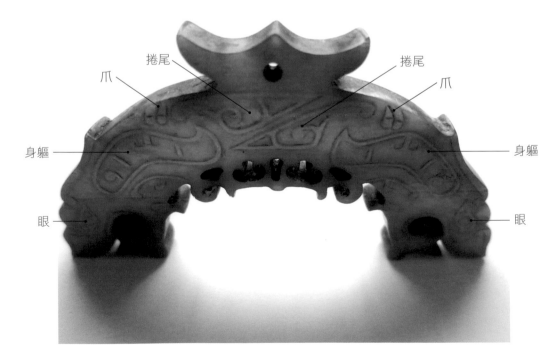

▲犀牛長 6.3 cm，厚 0.7 cm

　　這組《龍鳳紋玉組佩》的主要紋飾即是鳳紋與龍紋，它有典型的西周鳳鳥紋、抽象的龍紋、西周的斜刻刀法（犀牛），又紋飾趨向抽象幾何化。它的組合除璧與璜外，還包括犀牛、及人像玉雕；證明以犀為摹本的玉器西周已有，而五個身著長袍寬長袖的人物玉雕中，四位均面帶微笑，最後一位沒有面目表情且肩部有凸起的裝飾（他有否特殊意義？），每一單件都有穿孔，用於組合佩戴。

　　與出土的西漢南越王的玉組佩比較，形制大同小異，我相信它也是西周某王的佩飾，只有尊貴的王者才有可能佩戴質地如此厚實的白玉、雕工如此精美的玉佩。


　　對西周古玉相當有研究的學者吉琨璋認為：

　　「……西周用玉制度中最有獨創性的無疑是玉組佩。為什麼到周代會出現這種掛在脖子上的玉組佩呢？原因是組佩互相碰撞會發出非常清脆的聲音，所謂『佩玉鏘鏘』，讓人一聽就知道是一位君子；而且掛著玉組佩，走得太快了玉就可能碰壞，起到一種節步的作用，提醒其行止得當，不失禮節。」（來源：廣州日報 2012-12-9《創新西周玉 多挨“大斜刀”》作者：江粵軍）

## （二）龍型玉組佩

**年代：戰國**

所有組件均兩面雕，紋飾相同，厚度亦相同。

雙龍璜長：8.8 cm，厚：0.4 cm，中央部位琢一牛首。

　　此玉組佩中的璜、咬尾龍珮與沖牙的龍頭造型都極簡約有力，龍體上的網格紋與細線紋也都清楚到位，一絲不苟，小小玉環則每面刻有四連雲紋，玉匠治玉敬業的態度令人讚歎！

## （三）穀紋玉組佩

**年代：戰國**

其中第二件的璜

長：7.3 cm， 厚：約 0.5 cm

此玉組佩除中間的玉環外，其
餘各件均以龍為飾。所有組件都
兩面雕且紋飾相同，並佈滿穀紋。

高古玉華夏貴族遺珍
Classical Jade - Treasures Inherited from the Aristocracy of the Middle Kingdom
Hochantike Jade - Hinterlassene Schätze des Adels des Reiches der Mitte

# ⑪ 西周龍鳳玉環佩

玉環直徑：9.3 cm　厚：0.6 cm

中央孔內鏤雕一螭龍，「肉」的表面飾以典型的西周鳳鳥紋：圓目、
鉤啄、長身；出郭部分則為型態相同且相對稱的捲尾鳳一對。

這件玉佩沒有穿孔，應是一件用來單獨佩掛的玉佩。

# ⑫ 三玉犀牛

　　共同點：都是兩面雕，且根據同一摹本雕琢，從西周到西漢，跨越了至少五、六百年，不同時代的玉匠治玉自有其時代風格特色。

**年代：西周**

長：6.3 cm　厚：0.8 cm

◀這是一組玉組佩（參考本書玉組佩）中的一件；一面坡斜刀的工法使得紋飾有立體的效果。

**年代：西周**

長：17 cm　厚：約 0.3 cm

◀斜刀工法更加細膩，使得薄薄一片玉雕有淺浮雕的效果。正中央上方有一細穿孔，應也是某一玉組佩的組件。

**年代：西漢早期**

長：6 cm　厚：0.4 cm

◀（請參南越王墓出土之玉犀）。身飾稀疏乳丁紋（一面八粒，另一面七粒）及稱為游絲工藝的陰刻線。沒有刻意另琢佩戴的穿孔。

　　在不同時代，依據相同的犀牛摹本雕琢出的作品，各有其特色：在西周，獨特的一面坡工法，因光影的作用，產生類似立體淺浮雕式的裝飾效果，使得圖像栩栩如生。到了西漢，相同的造型，惟紋飾已改為當時流行的穀紋及游絲工細線紋，同樣顯得優雅有致。

## ⑬ 玉觽

**年代：春秋**

長約 27.5 cm, 最厚（圓環）1 cm，寬 8.3cm

　　白玉料。表面有黑褐色沁，玉觽兩面紋飾相對稱，上寬下銳；大圓環內的小圓環本身是活動的，由大圓環邊緣的三個突出部位扣住，不致滑落出來。小圓環內飾一透雕遊龍。大圓環上端飾一回首龍，龍背上有類似魚鰭的東西，龍尾飾以絲束紋並於中段處分岔成兩股，此龍的造型非常少見。

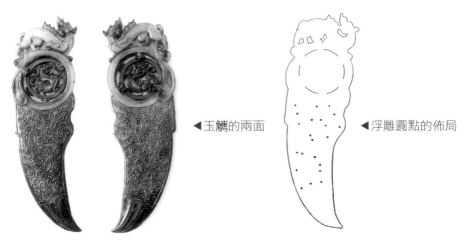

◀玉觽的兩面　　　　　　　　　　　◀浮雕圓點的佈局

　　器身滿佈陽線鉤連雲紋，係相當典型的春秋時期的紋飾。

　　仔細觀察，你會發現玉觽表面除了鉤連雲紋外，在鉤連雲紋間還散佈著浮雕圓點，一面為數二十二個，另一面為二十一個；它應非隨意的佈局，是否為星辰圖？

　　那志良《中國古玉圖釋》第181頁介紹的玉觽，與本玉有相當的相似度，可惜那氏只提供了繪圖，沒有實體的照片。

　　玉觽形仿動物的角。最初角應是隨身攜帶，用以解結，後來成為佩飾；當用玉材仿製並予美化後就成了玉觽。

# ⑭ 玉犧尊

**年代：春秋**

長：19 cm　高：15 cm

高古玉華夏貴族遺珍
*Classical Jade – Treasures Inherited from the Aristocracy of the Middle Kingdom*
Hochantike Jade Hinterlassene Schätze des Adels des Reiches der Mitte

▲蓋面上雕琢三鳥咬著兩條蛇，鳥顯然佔上風。

▲八組同一摹本的紋飾分別位於四腿部、腹腔兩側及頸部兩側。

　　這件玉器造型特殊、有趣。至於它所代表的意涵及用途,則一直無解,直到在邱福海著《古玉簡史》第二冊第123頁看到同樣造型的青銅犧尊圖片及如下說明:

　　「本器為山西渾源縣李裕村出土的犧尊,屬春秋時代諸侯器用,但與商,牛尊,象尊比較,已不是禮器;它的用途,僅是尊體注入熱水,三孔可置酒卮的溫酒器用;類似情形,在春秋時代極常發生,這也印證了孟子所說的『聖王不作,諸侯放恣……。』」

　　原來出土的銅犧尊是件溫酒器,應是春秋時代王侯家的用器。而這只玉犧尊則是最寫實的工藝品,應是純供玩賞用的。當時這一類型的銅犧尊已被批評為奢華的「無用之器」,遑論這件毫無實用價值的玉器了。但正是春秋時代奢靡的社會風氣使然,人們逐漸揚棄禮儀器的束縛,而流行起繁瑣華麗的「無用之器」,像玉劍飾,玉帶鉤,玉佩飾,玉犧尊,鏤空玉花瓶等,相互爭奇鬥艷,講求出奇致勝,巧奪天工;正是這樣的氛圍造就了玉器文化的高峰期。

　　這座玉犧尊的雕工還真繁瑣華麗:除掏腔挖空外,全身還佈滿八組 - 源自同摹本 - 規律的勾連雲

紋、細格紋、雙方格紋、饕餮(獸面)紋等;另臉部鼻頭上還有一組小小的饕餮紋。它的頭部有角、有耳、口略張、突眼、鼻頭上還掛一活環。

後記：

正當在研究本器時，英國 "National Post" 2013/10/30 一則有關考古發掘的新聞引起我的注意。考古學家在倫敦的一個旅館預定地作古蹟探測的最後一天挖掘到一尊老鷹的石雕，專家認為這座石雕是羅馬帝國的遺跡，完成於紀元一世紀末至二世紀初。老鷹身高 65 公分，展翼站立在一方形石墩上，頭偏向右方，口啣一條仍在作垂死掙扎的蛇，蛇上半身的前段被老鷹咬住，蛇頭垂到老鷹的前胸但仍作仰首狀；蛇身從老鷹背後纏繞到老鷹左腿前方。

老鷹與蛇在羅馬帝國有典型的象徵意義——象徵善與惡，精神與物質。羅馬帝國皇帝的火葬儀式中有一項：從熊熊烈火的柴堆中釋放一隻老鷹，老鷹飛衝到天空象徵死者靈魂升天。同時代表「善」戰勝了「惡」。

就「鷹咬蛇」這個題材，華夏文化似乎比羅馬西方文化早了七、八百年，是各自發展出來的？還是經由絲綢之路傳播到西方的？而華夏的「鷹咬蛇」這個題材是否原也有更深一層的意義？我期待專家不吝指點。

# 獸面紋玉佩

**年代：春秋晚期**

尺寸：長 5.2 cm 寬 4.2 cm - 3.9 cm （上寬下窄）

▲厚度 0.3 - 0.8 cm

中間厚實，兩側較薄

◀兩面雕，紋飾相同。

　　邱福海在《古玉簡史》（第 2 冊第 158 頁）對於一件同時代類似的獸面紋玉佩給予相當高的評價：「…本件玉器除了藝術性極高外，在造型上，他代表春秋時代玉雕，繼承良渚文化玉雕、殷商獸面紋銅器紋飾……等諸多歷史文化成分，卻又開始擺脫這些成分的束縛，走出自己造型風格的重要實物。」

　　這樣的評價，本件玉雕也同樣當之無愧。

　　它扁體，上寬下窄，四邊有對稱的脊牙，用陰地陽線勾勒出獸面紋，其中粗眉與蜷鬚都是用平行單陰線來表現，距離極近，卻「一刀不苟，既無滑刀，亦無交叉，顯示玉工技藝的高超。」──在此借用邱福海的生動形容。面部以上則是滿雕的陽線鉤連雲紋。

# ⑯ 玉戟儀仗器

**年代：春秋**

長：52 cm

▶兩件玉戟的圖案大同
小異。全器佈滿精美
的浮雕與紋飾：規律
的陰刻雲紋、扭絲紋
與立體的縛俘和高浮
雕動物結合在一起。

▲月牙內是一鏤空雕的合首雙身螭龍，龍身構圖均勻對稱。

▲器身上的高浮雕螭虎

高古玉 華夏貴族遺珍
Classical Jade - Treasures Inherited from the Aristocracy of the Middle Kingdom
Hochantike Jade - Hinterlassene Schätze des Adels des Reiches der Mitte

▲龍口處雙手圈吊成一活環的垂頭散髮的縛俘。縛俘是「勝利」的象徵

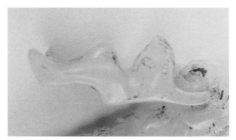

▲兩件玉器的縛俘造型略有不同處在於腿部，其一小腿打折緊貼大腿後部。

◀器身佈滿規律的陰刻捲雲紋及好像擰
毛巾的扭絲紋；有斜線的及光潔的扭
絲紋束規律交錯往上盤旋。

▲兩件玉器的握把處紋飾不同。

　　兩件玉器上的陰線捲雲紋、絞絲紋、立體圓雕的人與高浮雕的螭虎，雙面透雕螭龍等都是明顯春秋時代的特徵。

　　至於兵器戟，是將戈和矛結合在一起的兵器，具有勾啄和刺殺兩種功能，殺傷力比戈和矛都強。戟最早出現於商代早期，以青銅製造。西周時期出現了整體鑄造的戟。春秋中期，用戟的史實在《左傳》多所記載，戟已是常用兵器之一。戰國末期戟的鑄造逐漸以鋼鐵代替了青銅，以致質地更加堅韌。（請參閱網路：全球功夫網）

　　集錄各種兵器的《武經總要》載有戟刀圖如左。

　　兵器上以裸體縛俘為飾，未曾見於中原地區，但在西南邊陲的雲南地區（古滇國）曾出土了一批春秋戰國時期的青銅器，其中包括兵器，兵器中就有以裸體縛俘為飾的矛。

　　這兩件玉器有濃厚地方特徵，不知是否為古滇國的文物？但可以確定的是：這是統治者藉此來顯示其威儀的具體呈現。

附註：有關飾縛俘形制的兵器請參：《中國青銅器》 主編馬承源，
上海古籍出版社 1988 年，第 481 頁

# ⑰ 禮儀器二件

**年代：**春秋

長：43.5 cm

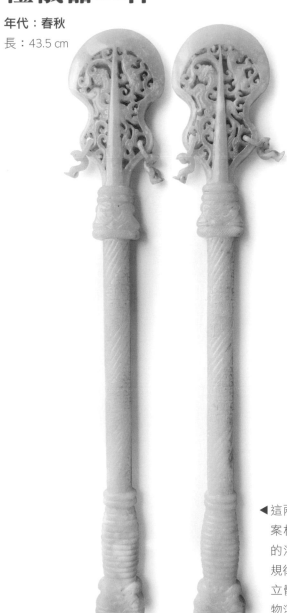

◀這兩件玉禮儀用器的圖
案相同，全器佈滿精美
的浮雕與紋飾；結合了
規律的連雲紋、扭絲紋、
立體的縛俘、羽人和動
物浮雕。

▲鏤空雕螭龍，山羊及縛俘。

◀上端的淺浮雕玉羽人

◀底部的淺浮雕玉羽人

▲就造型、風格、刀工分析，
　此玉器與前件玉戟儀仗器可
　能出自同一玉匠之手。

# 戰國出郭玉瑗兩件

▲直徑：10.6 cm 厚：0.3 cm

▲直徑：11 cm 厚：約 0.3cm

高古玉華夏貴族遺珍
Classical Jade - Treasures Inherited from the Aristocrasy of the Middle Kingdom
Hochantike Jade - Hinterlassene Schätze des Adels des Reiches der Mitte

　　從紋飾判斷，二瑗應均是戰國早期的作品。大幅度地扭動軀體的游龍造型，充滿了強烈的動感、蓬勃的生機與奮勇直往的氣概，呈現的正是戰國時代的精神，而淺浮雕的鉤雲紋則仍有春秋玉器的遺風。

　　仔細觀察，瑗（一）表面尚有陽刻的圓點兩組（每組二圓點）與陰刻的細小圓點與二細小平行曲線。

 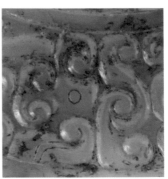

▲陽刻的圓點，若兩圓點為一　　　　▲陰刻的圓點和二細小平行曲
　組，則有兩組這樣的紋飾。　　　　　線若合為一組，則每面有八
　　　　　　　　　　　　　　　　　　組這樣的紋飾。

　　瑗（二）的紋飾中則藏有二獸面紋及八組如上述的陰刻圓點與平行曲線。

◀獸面紋

　　當時的玉匠作此佈局，必有其象徵意義，只是現在成了密碼，有待我們去解析。

# ⑲ 攻城水戰漁獵圖玉鑒

**年代：戰國**

高：40 公分

上沿：直徑 39 公分

這是一件非常少見的以玉為主體鑲嵌青銅圖案為飾的容器。

玉器上的青銅片圖紋都是先設計好，再分片鑄造後嵌到相應的部位上。

◀第一層的圖紋是雲紋↓

◀第二層的圖紋有兩組

▲第一組：龍、鳳、鳳與舞人

▲第二組：獸首啣活環，兩側有青銅透雕龍鳳紋

◀第三層為本玉器的主題：

攻城、水戰與漁獵圖，中央為一青銅透雕遊龍。

▲主題玉雕框架四角銅片呈現的是龍的圖騰

高古玉 華夏貴族遺珍
Classical Jade - Treasures Inherited from the Aristocracy of the Middle Kingdom
Hochantike Jade - Hinterlassene Schätze des Adels des Reiches der Mitte

下列為玉雕的局部圖：

**一. 攻城圖**（士兵搭雲梯攻城）

**二. 水戰圖**（兩軍船對峙：船上各擁有旌旗與持戈或矛的士兵，下方為奮力划櫓前進的船夫）

**三. 漁獵圖**（水中有漁父、大魚，岸上有持弓的獵人，鵝與雁）

底部的遊龍圖案

▲內部有兩條小裂縫，但開裂處似經過長期歲月的療傷
又自然癒合，開裂處乾淨且不扎手。

外側下方的一小龍耳已脫落。

▲小龍耳脫落處　　　▲脫落的小龍耳　　　▲（右側）　　　▲（側面）
　　　　　　　　　　（左側）

　　當時使用的粘合劑一說是用動物的皮、骨熬製而成（所以「膠」字從肉旁）；也有一說是用糯米作粘合劑。現在一條小龍脫落了，更可看出整件玉鑒工藝之難。

　　《說文》說「鑒，大盆也」。

　　大盆作何用？盛水？盛酒？還是銅鏡未盛行時，用來盛水照容用的？或者它是一件禮器，述說著什麼樣的故事？這裡的龍的形式是典型春秋戰國時代的造型，能使用「龍」這個圖騰的人物，必然是名王侯。在同時期的青銅器「燕樂漁獵攻戰圖」上，我們發現漁獵、攻城與水戰的題材是相同的，不同的只是材質。請參：

　　《故宮青銅器》（大陸）故宮博物院編1999年紫禁城出版社出版，第283頁燕樂漁獵攻戰圖壺。

　　與青銅器圖案相比較，本玉鑒呈現的是四組主題相同滿雕的攻城、水戰與漁獵圖；採用的是高難度的玉與青銅的鑲嵌工藝，其所具有的歷史、藝術文物價值自不待言。

# 穀紋玉編鐘

**年代：戰國**

尺寸：高 20 cm，長 67 cm。

最大的鐘高 8 cm（不包括掛鉤高度），上緣寬 6 cm

▲青玉質地，有褐色沁及氧化白斑。由九枚鐘、橫梁和兩端的大肚怪獸支架組成。

　　橫梁兩端為龍頭，橫梁正面有九個饕餮紋飾造型如面具的浮雕。鐘琢穀紋及饕餮紋，內腔是空的；鐘口邊緣的兩角向下延伸，形成尖角，兩尖角之間形成弧線。橫梁背面有掛鉤及穀紋飾。大肚怪獸腳下踩著兩盤旋的螭龍，螭龍尾巴延伸至怪獸尾部時成為兩鳳頭頂住怪獸尾部。怪獸雙手高舉與頭齊；頭上頂一圓柱，圓柱上環繞兩螭龍。

　　做工似仿同時代的青銅器。

高古玉華夏貴族遺珍
Hochantike Jade · Schätze aus dem Besitztum des Adels des Reiches der Mitte
Hochantike Jade · Hinterlassene Schätze des Adels des Reiches der Mitte

　　一九七八年夏天，大陸考古隊在現今湖北隨州挖出一座戰國早期
的大墓。共出土了七千多件古文物，其中最引人注目的即是一組有
六十五個青銅鐘的編鐘。墓主是曾侯乙；編鐘是楚惠王送給曾侯乙的
隨葬物。編鐘鑄工精細。

　　比較曾侯乙的青銅編鐘與本組穀紋玉編鐘，發現兩者鐘的形制、
紋飾雷同；另同一墓出土的青銅樂器編磬，其磬架是一對長脖子的怪
鳥造型，本穀紋玉編鐘支架也是動物造型─大肚怪獸，異鳥獸顯然
是楚器愛用的題材。

　　相較於青銅編鐘的實用性，這組穀紋玉編鐘有可能曾是某一位楚
王的觀賞陳列器？或者楚王的另一件饋贈物？

附註：

目前「曾侯乙編鐘、編磬」原件仍保存於湖北省博物館，1997 年台灣文建會向湖北省博物館購置由出土原件翻模複製的「複製件」一套，作為國立傳統藝術中心重要的典藏文物。全世界僅有三套這樣的複製件。國立傳統藝術中心為充分推廣這套古樂器的樂教功能，於 2004 年 6 月特委託臺北市立國樂團，採「以演代管」方式密集規劃辦理「曾侯乙編鐘、編磬」複製件的展示與推廣演出活動，讓民眾能藉此千古絕響的再現，親眼看到、親耳聽到、親手觸及此一結合歷史、音樂、美術、科技於一身的世界重要文化遺產。（請參臺北市中山堂管理所：「曾侯乙編鐘、編磬」介紹 http://www.csh.taipei.gov.tw/ct.asp?xItem=1224193&CtNode=37143&mp=119061 ）

下列的編鐘則是江澤民於 2002 年訪問德國時，致贈德國總理施若德的複製銅質編鐘，八枚成編；現與其他國家元首及總理的贈品一同展示在德國總理府的外賓贈品展示櫃裡。

# ㉑ 雙獸四力士劍座

年代：戰國

▲ 這件玉器分為兩部分：雙劍與二虎暨四力士組成的劍座。

▲ 底座：長：20.5 cm 寬：7 cm 高：14.5 cm

▲ 劍長：24.5 cm

　　本玉件的底座的兩虎相背向，有翅膀。每一翅膀上各有一力士半蹲站，雙手舉握擱劍的劍匣。全件遍雕游絲雲紋，間夾格紋。

　　四力士體態碩健，裸露上身，面露笑容，從容自信，不會是奴隸。這樣的造型不禁讓人想到他們很可能是日本相撲的前身。

　　《歷史文物》，中華民國九十年十二月第十一卷第十二期，「楚腰纖細掌中輕」一文中提到戰國時期楚國樂器「虎座鳳鳥架鼓」稱「在一些身分較高的貴族墓中普遍出有雙虎座雙鳳懸鼓，…整器分虎座、鳳架、懸鼓三部分，雙虎、雙鳳相背向，鼓懸於鳳冠上，座虎整木雕成，踞伏昂首，內蜷尾，雙目注視前方」；這裡對木虎座的描述不也正是本玉虎座的造型？

　　兩獸相背向的造型亦曾見於戰國時墓葬的出土，請參閱《故宮文物月刊》（第29期第54頁）的戰國木漆彩器，也是出土自楚墓。

　　由此觀之，這件玉雕透露著楚文化的特徵，推斷它應是戰國時期楚國的作品。

## 22 玉鉞禮儀器

**年代：戰國**

長：23.8 cm

尤仁德在《玉趣》一書（第86頁）提到：

「用一種兵器來象徵最高或上層統治者的權威，起源於新石器時代良渚文化至二里頭文化的禮儀玉之玉鉞、玉戈。鉞即斧，故甲骨文、金文王字即為斧鉞象形」。我想，這段文字就是對這件玉鉞最好的詮釋。

全器佈滿鐵銹沁色，代表那是一個大量使用鐵器的年代，不會早於戰國時代。

就工藝而言，運用商晚期已出現的「透雕技術」琢雕高浮雕動物，技藝已相當成熟。而這個動物，似龍又似虎，但從它分岔的尾巴可將它斷定為龍而非虎。器身上刻有三組文字，字型漂亮，但我不解其意。

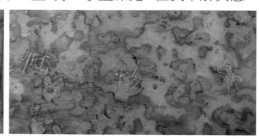

繼承商代的雙鉤陰刻獸面紋有較寬的陰線刻槽，弧線轉折自然流暢。另比照出土於河北省易縣燕下都址的戰國時代饕餮紋半瓦當——燕下都曾為燕國重鎮——其上的紋飾，發現兩者風格相似，應都反映著時代風尚。

全器佈滿鐵銹沁色，應是當年一堆鐵兵器（不會是一般的鐵器鍋碗盆！）併同象徵至高無上權威的玉鉞一起入墓陪伴主人，鐵器銹蝕造成的。——根據楊泓所著《中國古兵器論叢》，戰國時代已有用於戰爭的鐵製兵器，而燕國較其他幾國更早使用鐵兵器裝備軍隊。有可能這是一件戰國時期燕國之器。

兩千數百年下來，兵器銹成一堆爛鐵黏在玉器上，而玉器因質地好，沒銹沒爛，只沾了兵器的鐵銹色，形成斑斑駁駁的沁痕。千百年歲月醞釀成的沁色成就它獨一無二的美！

附註：關於中國鐵器時代：根據考古發現，鐵器於春秋
　　　時代才登上歷史的舞台，而直到戰國中期以後，
　　　鐵器才普遍應用到社會生產和生活的各個方面，
　　　成為在農業和生活中不可或缺的工具。到了戰國
　　　後期，鐵器也逐漸運用到戰場上，楚、燕等國的
　　　軍隊，裝備基本上也以鐵製武器為主。（參考維
　　　基百科資料）

# 23 玉鉞佩

**年代：戰國**

尺寸：高：6.cm 寬：4.5 cm

兩面紋飾相同

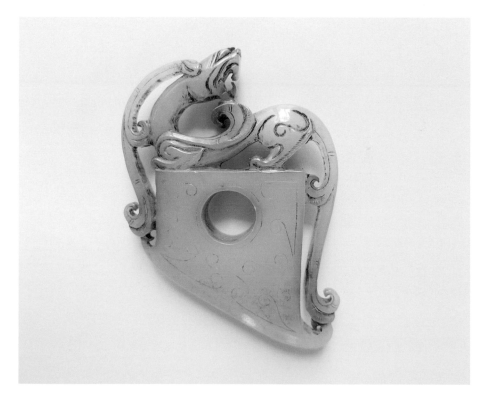

　　這個玉鉞上龍的造型與與上一篇的玉鉞禮儀器的龍風格相近，紋飾同樣簡練剛勁。玉鉞兩面都有陰刻游絲紋。

　　游絲紋是一種細陰刻線，這種治玉工藝，幾近微雕工藝，精巧細微；據目前的考古資料顯示它始於春秋晚期，流行於戰國中晚期至東漢之間。精巧細緻的游絲工藝賦予玉器生動、華麗的視覺效果，被視為當時玉器工藝最高成就。

# ㉔ 龍鳳珮

**年代：戰國**

最寬約 9.8 cm

▲穀紋二龍一鳳同體，鏤空雕，全件佈滿鐵屑與鐵銹沁。

　　減地隱起的穀紋、捲雲紋、大幅度地扭動軀體的造型，展現強烈的動感與剛陽的活力，相當具有戰國的氣質，爰將其斷代為戰國時代的作品。

# 25 玉爵

**年代：戰國**

長：15 高：15.7 cm

▲燈光下可以看到精美的黃玉質，表面有白化現象。

　　玉爵前端有「流」，即傾酒的流糟，中為杯，流與杯口之間有柱，後端的「尾」寬平，器身一側琢一把手，下有略具弧度的三錐足。

高古玉 華夏貴族遺珍
Classical Jade - Treasures Inherited from the Noblemen of the Middle Kingdom
Hochantike Jade - Hinterlassene Schätze des Adels des Reiches der Mitte

▲玉爵的兩圓柱頂成蘑菇頭狀，各有一回首螭龍盤旋，體態矯健有力。

◀器身在「流」的下方蹲踞
一螭虎；虎口與流口下方
由五連環相連接。

◀另有兩隻S身軀的螭龍環
繞器身一周。游絲紋佈滿
全器。

　　玉爵的形制來自青銅爵。依據考古資料，青銅爵是商、周時期的飲酒器，當時對於貴族飲酒使用的酒杯有嚴格的規定，依身份高低使用不同等級與形制的酒杯，而青銅爵是最高等級貴族才能使用的，它已成為象徵高貴身份的禮器了。

　　至於爵上的雙柱有何作用？迄未見有人提出看法。倒是淨空法師在一次訪談節目中，談到禮節時，稱節有節制的意思；又稱古代酒杯有兩根柱形的造型，叫作「止酒」；禮節要求喝酒也有一定的限度，絕對不能多喝，乾杯就會被擋住。

　　依據此玉器的紋飾（尤其是美麗的游絲紋）、龍的造型（彎曲扭動呈現強烈的動感，與戰國玉珌的龍同型）、鏤空雕、連鎖玉環之工藝，加上青銅爵流行的年代（商、周），將它斷代為戰國。但這個玉爵顯然並不是實用物，相信它應是戰國時代某位王侯家的擺設。

參考資料：
《中國青銅器》：馬承源主編，上海古籍出版社 1997 年 10 月（1988 年 7 月第 1 版）
張儁：《古玉紋飾器形》，經史子集出版社 1999 年

高古玉 華夏貴族遺珍
Classical Jade · Treasures Inherited from the Nobleness of the Middle Kingdom
Hochsartike Jade · Hinterlassene Schätze des Adels des Resches der Mitte

## 26 透雕龍鳳穀紋璧

**年代：戰國**

直徑：26.2 cm

參照河南金沙出土的戰國龍紋玉璧之造型與紋飾[註1]，將此璧斷代為戰國。

本玉璧共有三圈紋飾。內外圈為淺浮雕穀紋；中圈有兩組紋飾，各為二龍中間夾一鳳；二龍均作回首後顧狀，鳳鳥則彎腰仰視。

至於玉璧的鐵鏽沁及黏附在其表面的鐵銹，如何產生的？

根據考古發現，戰國中期以後，鐵器方才普遍應用到社會生產和生活的各個方面；鐵製武器也逐漸取代青銅武器，除了鐵製武器，戰國後期也出現了鐵製的防護裝備如鎧甲和鐵兜鍪[註2]；爰據以推測：當年這件玉璧是併同鐵製的兵器一起入了陵墓 ——隨同尊貴主人入墓的不會是一般的鐵器——歲月悠悠，歷經兩千多年，鐵器銹蝕黏在玉器上，滲入到玉器中，方有如此美麗的沁色。

註：

1. 圖式請參考周南泉著《古玉動物與神異獸卷》第 367 頁。

2. 請參閱楊泓所著《中國古兵器論叢》第 12 - 18 頁。

3. 關於鐵鏽沁，另請參考本書第 82 頁戰國玉鉞禮儀器。

# 玉虎符

## 玉符（一）

**年代：戰國**

尺寸：長：9.4 cm，高：4 cm

▲玉符內面的凸凹字為銘文「符」字；就造型與文字探討應為戰國秦虎符（參考資料：《甲金篆隸大字典》，四川辭書出版社，徐無聞主編）。

　　古代符是一種信物。符上刻有文字或圖案，剖為左、右兩半，材料一般多是用銅製，玉符較少見。虎符是帝王調集軍隊的信物，形狀像是一隻匍匐的老虎，對稱，剖析成兩半；造型奇特，雕工精緻，使得作偽幾近不可能；它是將帥統領大軍，肩負國家安危重任的象徵。右半片由帝王保存，左半片交給統兵將領。需要用兵時，皇帝派使持右半符前往；守將用自己的那一半勘合，以驗真偽。兩半符要完全相合，才是真正的朝廷命令。現今我們所說的「符合」一詞，即源於此。存世玉符有虎符、魚符、龜符、美人符（見於私人收藏）等。虎符在戰國至秦漢都是臥虎，晉以後，才開始有立虎。

高古玉 華夏貴族遺珍
Classical Jade - Treasures bequeathed from the Aristocracy of the Middle Kingdom
Hochantike Jade - Hinterlassene Schätze des Adels des Reiches der Mitte

# 玉符（二）

**年代：戰國至漢**

尺寸：長：8.6 cm，高約 5 cm

▲ 內部沒有文字，而是有一長
　方形圖案，裡面有五個三
　角形。

偶爾在《故宮文物月刊》看到一則有關故宮《故宮古玉圖錄》出版的消息，提到：故宮所藏玉器依使用類別有「禮器，環狀玉器，服御器，劍飾器，喪葬器，陳設器，玉冊等各類。……唯獨缺少符節器及兵器，此可能宮內禁忌之物，而不收藏。」（民國七十三年三月 第133頁）—— 這或許是那志良在《中國古玉圖釋》（民國七十九年初版，第177頁）一書中，僅提供圖繪的玉虎符，而沒有實物照片的原因。

臥虎符，這個象徵最高軍權的器物，僅見於春秋戰國到漢。唐代以後，就改用魚符、龜符、麟符等（請參那志良：《中國古玉圖釋》第175至181頁）。

### 戰國時期一則與「符」相關的有名典故——竊符救趙
### 《史記》卷七十七「魏公子（信陵君）列傳」

　　魏安釐王二十年，秦昭王攻破了趙國在長平的駐軍，又進兵圍攻趙國首都邯鄲。魏公子信陵君的姐姐是趙王弟弟平原君的夫人，求救兵於魏。魏王即派遣將軍晉鄙率領十萬大軍前往救趙。秦昭王派人警告魏王不得救趙，否則亡趙之後，必先攻魏。魏王害怕了，立即派人命令晉鄙暫駐軍在鄴觀望。

　　趙國眼見救兵不來，心急如火，又對信陵君急加催促，數度請魏王發兵。然而魏王對秦心存畏懼，仍然拒不發兵。信陵君無奈只好湊集了車騎一百多餘乘往趙國共赴難。臨出關時，智者侯生獻計稱：「兵符在魏王的臥室裡，魏王寵妾如姬必能偷得到兵符，而公子您曾有恩於如姬，只要公子請求，如姬一定會答應」。如姬果然盜得兵符交給信陵君。

　　信陵君要走時，侯生又說：「為了國家利益，將帥在外，君王的命令有時可以不接受。公子即使合符了，晉鄙如果不把兵權交給公子，反而又去請示魏王，事情就更危險了。我的朋友屠夫朱亥可以與您同行。這個人是大力士，如果晉鄙聽您的，很好；不聽，就讓朱亥擊斃他」。

　　信陵君持符到了鄴，假傳魏王軍令，要取代晉鄙領軍，晉鄙合符之後，仍心生疑慮，想要抗命；信陵君即令手下朱亥以四十斤鐵錐，擊殺晉鄙。信陵君奪得兵權後，立即下令：「父子都在軍中的，父親回去；兄弟都在軍中的，哥哥回去；身為獨子沒有兄弟的，就回去奉養父母。」結果剩下精兵八萬，人人無後顧之憂，軍心大振，士氣高昂。信陵君領軍進攻，逼得秦軍撤退，邯鄲終於得救。

## 28 穀紋龍鳳珮

**年代：戰國至西漢**

尺寸：長：16 cm　厚：0.3 cm

　　形制為 S 形的二龍一鳳併體，雙面雕，紋飾相同。有白化現象，惟隨著時間的推移部分已轉化成晶瑩剔透。

　　整件玉器細膩精緻，雕工流暢自然。全件厚度僅達 0.3 厘米，鳳啄前端更是薄如紙；由於戰國時代起已普遍使用鐵製工具，使得玉器製作更進步，才能有如此犀利的雕工。

　　騰空飛揚龍的造型、穀紋的雕工，均係戰國至西漢時期的特徵，爰作此斷代。

## 29 透雕龍紋璧

**年代：戰國至西漢**
厚度：約 0.25 cm

外環直徑 9 cm，由兩個雙頭璜組成；內環直徑 5.6 cm；雙面雕，表面飾有減地隱起的穀紋；中央孔內鏤雕一螭龍：張口、豎耳、彎軀、尾長回捲、足作行進狀。

減地隱起的穀紋、銳利的刀工、斧形的上下頷，均為戰國至西漢時期的特徵，爰作此斷代。

這枚玉璧於 1997 年接手。當時全器黯淡無光，沒有任何開窗處可看出它的玉質，不經意地將它放在玻璃書櫃裡；沒想到它開始慢慢地

蛻變，到了 2013 年，請看左圖，它的中心部位白色灰沁漸退，轉為凝潤的青白玉質。它仍在蛻變中，假以時日，我相信它會還原成當年它的主人擁有它時的品相。

## 30 勒子

**年代：戰國至西漢**

尺寸：長 5.2 cm 直徑 1.7 cm

　　玉料呈青白色。質地細潤。圓管分三等分：上下分飾穀丁鉤連雲紋，中間為鳳紋。中段與上下兩段分別以絞絲紋區隔開來。管身縱鑽透穿，用於繫繩佩戴。

　　下圖為勒子中段在蠟板片上延展呈現的圖案：清晰可見兩只各呈上、下方向，造型一致的鳳頭，以致佩戴時不需刻意分上下，小地方也顯現出設計者的巧思。

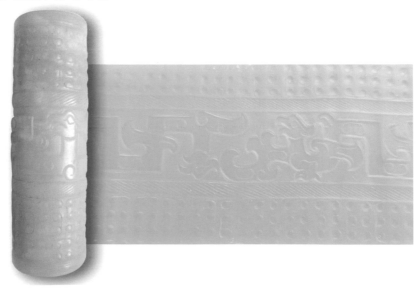

# 三龍穀紋玉罇

**31**

**年代：戰國至西漢**

通高：15.8 cm

▲全器由蓋與器兩部分組成。
　器身中空。

▲ 蓋面

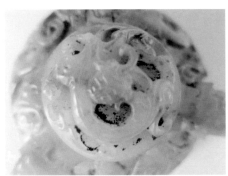

▲ 蓋鈕（圖一）

▲ 蓋面上的三螭龍之一（圖二）

▲ 龍頭（圖三）

　　蓋面飾有鏤雕形態各異的三螭龍（圖二），將蓋面區分為三等分像朋馳汽車標誌「人」形的造型，終端各雕一龍頭（圖三）。

　　蓋頂中央凸起一紐，鈕上盤臥一螭龍（圖一）。

　　僅僅一個小小的蓋面就雕琢了四螭龍和三龍首！

▲圖四

▲圖五

▲圖六

▲圖七

▲圖八

▲圖九

▲圖十

　　器身除滿佈穀紋外，尚雕飾有高浮雕型態各異三螭龍（圖四，五，六）——其中最大的螭龍的龍身穿過圓孔把手——、分格寬線紋（圖七）、一鳳頭（圖八穀紋右上角）、四獸面紋（圖九）及兩足著地站立之四玉熊（圖十）。以熊足作為器腳，兩熊之間飾以獸面紋。高超的構思與工藝令人讚歎！

　　器身上仍殘留硃砂。有水流浸滲形成的沁色，因硃砂的作用而成為紅褐色。

　　美麗的玉雕並不實用，有如此多的龍形裝飾，當年應是皇室的一件擺設品。

# ㉜ 龍首乳丁紋玉罐

**年代：戰國至西漢**

尺寸：總高：20 cm　最寬：10.5 cm

▲全器佈滿硃砂。

全器分為蓋與器身兩部分：

　　蓋頂飾一跪人，他的的造型與戰國雙獸四力士劍座上的人物相似，袒胸露肚、身寬體胖、面目姣好；雙手撫膝，頭髮梳成髻，坐姿一如殷商婦好，從容安詳。環繞跪人的是一彎曲矯健的螭龍，即使螭龍首擋住了跪人的右手，但他的右手臂與手背面仍交代清楚。器身經掏膛挖空又分為三部分：上端的口沿下方兩側各琢一龍首，張口露齒，口含活動玉珠一枚。中段為容器的大肚部位，下方為底座。

　　蓋面與器身上的圓凸顆粒，稱之為乳丁紋；工藝之難，真可謂粒粒皆辛苦；不知仿造者可有此能耐？

# 33 「達為」印座

**年代：秦朝**

方形底座

長：15.5 cm

寬：8.3 cm

　　全器分為兩部分：底座與有翼神獸合為一體，加上獨立的玉爵，底座表面特別琢有放置玉爵三腳的凹糟。

高古玉 華夏貴族遺珍
Classical Jade · Treasures Inherited from the Aristocracy of the Middle Kingdom
Hochantike Jade - Hinterlassene Schätze des Adels des Reiches der Mitte

有翼神獸自是想像出來的異獸（或稱辟邪獸）：四足成行進狀，矯健有力，頭轉向左側，張口露齒，腹有羽翅，或許是龍的變體。

玉爵「流」口下方鏤空雕一小龍，杯體飾有連雲陽紋，三獸腿形支柱上各琢一獸面紋。

◀左列的長方形字體見於底座表面龍尾左側。字體俊秀挺拔，尚未能釋讀。

　　長方形底座四周的淺浮雕螭龍，二長形面之紋飾相同，各雕二螭龍；二寬形面之紋飾亦相同，各雕一穿雲螭龍。

高古玉 華夏貴族遺珍
Classical Jade - Treasures Inherited from the Aristocracy of the Middle Kingdom
Hochantike Jade - Hinterlassene Schätze des Adels des Reiches der Mitte

　　底座反面的小篆文字「達為」及其印文。古玉上的文字常是斷代相當可靠的依據。

　　此處的小篆「達為」二字 修長圓挺，是標準的秦篆；據此推斷玉器應為秦朝的作品。——漢代，小篆體已由長方形轉變成正方形。

　　秦朝（紀元前 221 年－紀元前 207 年），國祚短暫，在玉雕方面承襲前朝春秋戰國的紋飾與造型，似並未有自己的獨創風格。

　　本器的紋飾以龍形與龍紋為主，造型美，雕工細膩。可能隨主人入土後，因墓室很深，有泉水滲進，玉質遇水受到水中鈣質的浸滲而白化，但仍不減其華貴之氣。當時能使用龍的圖騰的人，應是皇親貴族吧!?


附註：
本玉器有明顯的白玉現象，白化的部分，玉質結構變得疏鬆。
為了拓印底部的文字，我使用了中國傳統的印泥；結果已有白化現象的部分，很快就將顏色吃進去了；拓印後，雖然馬上用酒精來回擦拭，但仍留下淡淡的粉紅色。
古物遭到破壞，深感遺憾！

# 34 玉跪射俑

**年代：秦朝**

通高約 9 cm（跪姿兵俑高 7 cm）

底座 5 cm X 5 cm（底座四面飾陰刻連雲紋）

順應自然玉材的顏色，一體成型雕刻出的跪射兵俑，士兵全身到膝蓋處都是晶瑩的青玉，膝蓋轉折處到靴子處，顏色漸漸過渡到青褐色的底座。

　　上頁圖片讓我們見識到秦時跪射武士的軍服造型：甲衣，肩有披膊，高領，緊袖，短袍，足蹬方口齊頭履。

　　此玉雕與1974年出土的秦兵馬俑中的跪射俑的穿戴與姿態幾無二致，它將是研究秦朝士兵髮型與戎裝很好的一件歷史佐證。

▲玉跪射俑底部的印鑑

▲玉跪射俑印文

　　中國的文字從出現至今，經歷了甲骨文、大小篆（包括鳥蟲篆）、隸書、楷書、行書、草書。惟上列的印文無法歸類。

# 35 「文帝行璽」

**年代：西漢**

尺寸：底座約 9.7.cm x 9.7 cm　通高約 10.5 cm

▲「文、帝、行、璽」四字，每個字左右兩邊均相對稱，以致璽文與印文沒有正反
　的差別，對稱之美令人讚歎！

▲玉璽印文

　　本玉璽，文字與四面的饕餮圖案均著鎏金銅的顏色，印面刻有漢篆陽文「文帝行璽」四字。盤曲龍的造型、風格、文體與西漢南越王趙眜墓出土的「文帝行璽」銘金印十分相似。

　　這枚玉璽的形制與龍的造型都霸氣十足，材質與書法也屬一流，應是帝王之印，何時流落民間的？無論如何，但願從今以後，它的命運是傳承有序！

　　文帝行璽金印係由黃金鑄成，印鈕為盤曲的游龍，印面刻有漢篆陰文的「文帝行璽」四字 ( 請參閱周南泉《古玉博覽》第 169 頁 )。

　　南越文王是中國西漢時期南越國第二代王趙眜（《史記》稱為趙胡）。

　　秦朝在嶺南地區設立了南海、桂林、象三郡。秦朝末年，中原陷入了「楚漢相爭」的混亂局面。公元前 203 年，南海郡尉趙佗起兵兼併桂林郡和象郡，以番禺為都城（今廣州市）在嶺南地區建立南越國，自稱「南越武王」。

　　公元前 196 年，趙佗臣服於當時已建立西漢政權的漢高祖劉邦，成為漢朝的藩屬國。

　　公元前 137 年，趙佗去世，由其孫趙眜即位（太子趙始當時已過世）。趙眜對漢朝自稱「南越文王」，在南越國內則自稱「南越文帝」。

　　趙眜在位 15 年後於公元前 122 年去世，陵墓建在南越國都城番禺內，即是現在的「南越王墓」。1983 年該王陵被發現，出土文物一千多件，其中文帝行璽金印據稱是中國考古發掘出土的第一枚帝印。

附註：漢篆是漢代的篆書，字體為小篆，字形近方正。

# 36 玉貯貝器

**年代：西漢**

通高：24.5 cm　主體口徑：9 cm

此件玉器分為蓋與器身兩部分。

這件玉器高淺浮雕，琳瑯滿目集於一身，有花瓶外形
卻不是花瓶，研究很久仍不知道它作何用途？直到偶然
看到西漢造型的青銅貯貝器，方恍然大悟，原來它特殊
的造型源自當代（漢）的貯貝器。它有貯貝器典型特徵：
器身呈圓筒形，惟不同於青銅貯貝器它是雙層的；腰身
內收；蓋面上雕鑄有象徵財富等的動物造型。蓋面中心

▲西漢青銅貯貝器

為一立柱，上停駐一展翅的鷹；四周的動物環繞立柱順時針方向而行；蓋與器身以子母口相套接。經研讀許多關於西漢時期西南邊疆滇國的考古資料，我相信它是西漢時期滇國的文物。但考古研究非本書的重點，故不擬在此多費筆墨。而著重玉器本身的介紹。

全器人、鳥、獸高與淺浮雕計有三十一處，其中原色浮雕有

1. 蓋面上圓雕動物一鷹、一鹿、一虎及一犀牛

◀鷹
寓意「英雄」

◀鹿
寓意「福祿」

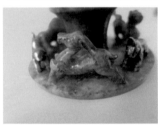

◀螭虎
象徵「名與權」

◀犀牛
象徵「財富」

2. 器身分為兩層，上層有四大螭虎，下層亦有四小螭虎

◀**大螭虎**
　長 8.5 cm

◀**小螭虎**
　長 5.5 cm

青銅圓雕動物有

1. 蓋面上的三圓雕獨角獸

◀獨角獸

2. 器身

（1）上層有四跪人、四仰首螭龍

▲仰首螭龍

◀跪人

　　髮型服飾不同於中原地區，或許是滇國人物（今彝族的先民？）的
造型；當地曾出土一批古滇國貨幣——貝殼和超過萬件的青器，貯貝
器便是其中之一。

（2）下層有四小豬及四平視前進中的螭龍

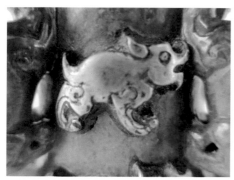 

▲小豬　　　　　　　　　　　　▲螭龍

　　這件玉雕採用了青銅器分鑄再焊接的技法，將圓雕與片雕的青銅動物鑲嵌到玉器上，工藝困難度可想而知。相同的工藝請參考本書「攻城水戰漁獵圖玉鑒」。

　　整個玉器，顯得華麗貴氣，熱鬧卻不失序。動物都呈動態，以致靜態的跪人特別搶眼。上層的青銅動物呈順時針方向行進，下層的呈逆時針方向行進，形成旋轉的錯覺；而上下兩層的大小螭虎則呈現在同一直線往上爬的態勢，威武有力；整體展現主人的強烈企圖心與傲人的財富。一件相當養眼的擺飾物！

　　這件玉雕的玉質相當特別，內部有不同的結晶，在燈光照射下，顯現出它絢麗的沁色質地。

▲用透光方式看玉貯貝器沁色質地。

附註一：

　百度百科 對青銅貯貝器的介紹如下：

　「大約在兩千多年前，在雲南昆明滇池地域有一个古王國──滇國，《史記‧西南夷列傳》中曾多次提及。上世紀 50 年代，在雲南晉寧石寨山、江川李家山等地出土一批古滇國貨幣──貝殼和超過萬件的青銅器，貯貝器便是其中之一。

　目前發現的青銅貯貝器有多種形狀，這些貯貝器主要用來盛裝貨幣──貝殼，同時還具有較高藝術審美價值。尤其是貯貝器的器蓋上，採用了分鑄再焊接的技法，裝飾了許多立體雕像。這些雕像既有人物，也有動物，雕琢細膩，形象生動，有如一部縮影的滇國人文歷史和自然歷史。

　貯貝器器蓋上的動物，有牛、羊、馬、猴、鳥、虎等多種，尤以牛形為最多，因為牛是表示富有的象徵。」

附註二：

　西漢時中原地區已普遍使用鐵器，這件玉雕顯然不是中原的文物。據考古資料顯示，當時的滇國進入青銅器時代晚於中原地區，這或許可以解釋為何在西漢時期又騰空出現鑲嵌分鑄青銅的玉雕。又本玉雕上的青銅人物與動物的顏色有別，青銅人物顏色黃色偏紅，青銅動物則呈黃色，兩者銅合金的成分不同，顯示滇國的技工已經能夠掌握鑄造不同合金比例的青銅如錫青銅、鎳青銅等，且工藝高超。

# 37 旋轉玉罐

**年代：漢**

通高：25 cm 正方形底座 寬：15.5 cm

高古玉 華夏貴族遺珍
Hochantike Jade · Classical Jade - Treasures Inherited from the Nobleness of the Middle Kingdom
Hochantike Jade - Hinterlassene Schätze des Adels des Reiches der Mitte

不同於上一件玉貯貝器，它已進步到不用分鑄青銅圓雕和片雕動物，而是採用著色方式，產生如同青銅動物片雕的效果。

全器鳥獸高、淺浮雕（扁平）共計有四十四處

其中 原色（未另上色）的浮雕有

1. 底座 四曲頸展翅玉鵝

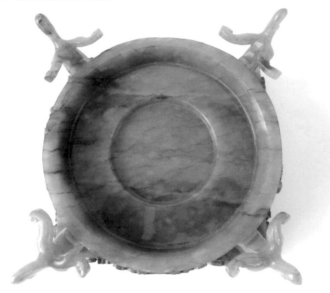

▲局部圖

## 2. 獸面 八件

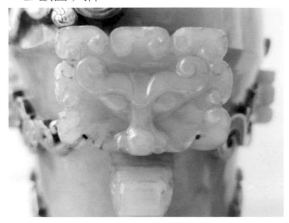

## 3. 螭龍 二件

著色的動物有

1. 罐蓋上的二熊、三鹿及四扁平浮雕螭龍

◀熊（與鷹一樣）寓意
「英雄」。此處「雙雄」是也。

◀鹿寓意「福祿」

◀螭虎象徵「威望」

2. 罐身有三回首螭龍，四仰首螭龍及二雙龍獸面

3. 底座有扁平浮雕的四獸面及八平視行進中的螭龍

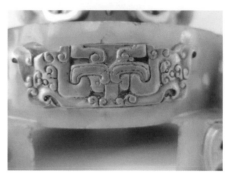

　　基本上這件玉器也是脫胎自貯貝器，如此也就能了解為何器蓋上有高浮雕動物的造型。全器總計有 44 個裝飾性的高淺浮雕，繁而不亂；罐身放在底盤上，輕輕一撥，即旋轉起來，如許巧思，令人讚歎！

　　鎏金銅色使得器物看起來更顯尊貴。和闐玉質，有玻璃光。精細的圖案化動物紋和寫實的高浮雕動物裝飾賦予整件玉雕不凡的貴氣，高超的工藝更令人嘆為觀止！應是一件屬於王侯的陳設藝術品。

# 38 三組母子獸

**年代：漢代**

## （一）母子龍

尺寸：長：5 cm 高：3.5 cm

▲母龍頭部上揚，張口露齒吐舌，尾部蜷曲成環狀，絞繩紋。

◀小螭龍爬
　臥在母體
　尾部。

這件小小玉雕充分顯示玉匠高超的刀工，體積雖小，仍精雕細琢。

## （二）辟邪母子獸

母：長：8.5 cm　高：6.7 cm（含底座）

子：長：3.5 cm　高：3.7 cm（含底座）

◀母護子的造
型，構思精
巧新穎。

## （三）虎彪母子獸

長：22 cm 高：16 cm

▲小老虎謂之「彪」

　　兩隻小老虎蹲踞
母體背上。三者均昂
首凝視前方，兩耳豎
立，張口吐舌，威風
十足。

▲厚通體計有著鎏金銅色的三鳳六龍及一雲紋浮雕飾紋。

三件玉雕大小比較

　　三件玉雕，造型各異，但都散發著原創者自由奔放的才氣。

　　動物造型似龍似虎；現實的虎已轉化成神化的龍、辟邪或造型獨特的虎。

# 39 「波羅揭諦」印

**年代：**東漢

通高：12.8 cm

方形底座：長與寬 8.9 cm x 8.9 cm，高 3.3 cm

玉雕表面有白化現象。

　玉獸非龍，非虎，卻像獅子。它頭轉向左側，口咬著身長似蛇的螭龍，昂首的螭龍頭位在揚起的右前腿下端。

◀口咬著身長如蛇身的螭龍。

◀螭龍頭位於異獸的右前腿下端

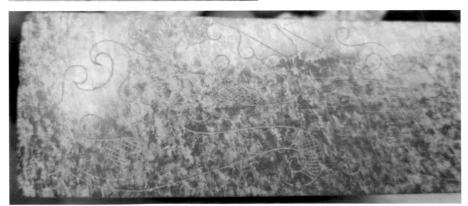

▲全器包括獸體與底座佈滿美麗的游絲紋與格紋。

　　底座刻漢篆「波羅揭諦」四字。佈滿硃砂與塵土。（註：為了保護古物，未另拓印文。）

　　「波羅揭諦」是「般若波羅蜜多心經」中的一句咒語。

　　此印玉質佳，雖有白化現象，但瑕不掩瑜，造型特殊，游絲紋等工藝高超，書法亦是極品。能使用此一方印者必是一位當時篤信佛教的皇帝或皇親貴族；以此假設出發來檢視東漢皇家可有那些虔誠的佛教徒？

依據史料，有關佛教活動最早的記載是在東漢，當時與弘揚佛教有關的皇家，特別值得一提的有漢明帝、楚王劉英、漢桓帝。

漢明帝劉莊（紀元 58-75 年在位）曾派遣郎中蔡愔和博士生秦景等出使天竺（現今印度），求取佛經、佛像，也曾在京都洛陽建佛寺「白馬寺」，但他並不懂佛經也並非佛教徒，他提倡的是儒家學說；倒是他的的異母兄弟楚王劉英，信奉佛教，曾專門派使者到洛陽，向沙門請益，但他也同時修習黃老之術。據後漢書記載，劉英是中國已知最早的佛教信徒，有人稱他「中國信佛者之第一人」。

漢桓帝劉志（紀元 147-167 年在位）也非常崇信佛教，但他也同時崇奉黃、老之術；甚至在其宮中立有「黃老、浮屠之祠」。桓帝被稱為「中國的第一位佛教徒皇帝」。

爰推測，此一方印的原始主人有可能是楚王劉英或漢桓帝劉志。

至於玉異獸是什麼動物？答案應是獅子。

2014 年初赴緬甸旅遊。在參觀緬甸佛塔和佛寺時，發現在佛塔或佛寺前，總有石獅一對鎮守入口處，有的還口咬著龍頭蛇身的異獸。據緬甸友人解釋說獅子是佛塔佛寺的守護者，蛇身龍首的異獸代表惡勢力，獅子口咬著此異獸，象徵遏制惡勢力的入侵。

緬甸是一個佛教國家，在佛祖時代就有印度僧人來此弘揚佛法。現在全國各地皆有佛塔與佛寺。而且每座佛塔和寺院都是金光閃閃，不是塗金就是金箔貼紙鋪金，守護寺院及佛塔的石獅也同樣被塗上金色；迄今緬甸的紙幣（如一千的 Kyats）上仍印有蹲踞的雄偉石獅造型。

　　佛教在東漢時從印度傳入漢地，相信也是如同由印度傳入緬甸一般，同時帶來了獅子守護佛塔寶地的造型。

　　下列兩張照片顯示的是緬甸仰大金寺（Shwedagon Pagoda）內眾多佛塔之一，入口處守護者石獅的造型—獅子口咬龍頭蛇身的異獸。

## 40 玉駱駝

**年代：東漢**

通高：16.4 cm，底座：長：10.4 cm，寬：6.2 cm

◀底座蜷曲的鱗紋龍與獸面紋。

◀駱駝鬃毛與尾巴絞絲紋一絲不苟

　　這件玉雕得從底座反面的
文字說起，陰線淺刻的文字
「群臣奏事無得言聖人」源
自東漢創業之主光武皇帝劉
秀，他下的詔書，意思是：
「以後百官上書時，不得稱
皇帝我為聖人」。基本上他
是個好皇帝，在國家大亂之
後，他採行輕徭薄賦，予民
休養生息的機會。這件玉雕
即使不是漢光武帝當朝的文
物，也必是東漢時期的文物。

高古玉 華夏貴族遺珍
Classical Jade - Treasures Inherited from the Aristocracy of the Middle Kingdom
Hochantike Jade - Hinterlassene Schätze des Adels des Reiches der Mitte

　　漢朝分為西漢（紀元前 202 年－紀元 9 年）與東漢（紀元 25 年 – 220 年）兩個歷史時期，史稱兩漢；其間有王莽短暫自立的新朝（紀元 9 年－ 23 年）與西漢更始帝時期（23 年－ 25 年）。

　　劉秀（紀元前 5 年 – 紀元 57 年），於更始三年（紀元 25 年）即皇帝位。改元建武，次年定都洛陽，建立東漢政權，史稱漢光武帝。在其統治期間，國力增強，社會安定，經濟繁榮，歷史上稱之為「光武中興」。

　　兩漢四百多年，史稱之為中國的盛世。

　　這件玉雕不僅它的文字給了我們斷代相當的依據，而且它的紋飾也讓我們清楚知道東漢鱗紋龍的玉雕工藝的形制，商代盛行的獸面紋延續使用的證明。另外，漢代與西域的通商關係，駱駝扮演重要的角色；駱駝玉雕的出現，自是理所當然。

## ㊶ 玉馬尊

**年代：東漢**

整體 長：21 cm

尺寸：寬：10 cm 高：14 cm

　　這件玉雕形制特殊、製作精美，應是仿「古」青銅溫酒器（請參本書春秋玉犧尊），當然它應只是供觀賞的擺設品。

　　全件由三部分組成：底座、伏臥昂首的駿馬及馬背上開口處的鏤空雕的半橢圓形蓋。主體是馬，馬身有游絲紋和格紋，腹腔中空；玉質上乘，造型獨特，雕工精美，想必出自王侯之家。

　　底座本身就是一個龍體由龍頭與龍身組成，四周是大小相互纏繞或牽連的鱗紋龍及饕餮，底部有四爪獸足。由整塊玉料攻治而成。鱗紋龍的形制與上篇玉駱駝的鱗紋龍相同。

▲底座及四爪獸足與馬腿局部有沁色。

▲蜷曲的鱗紋龍（請參閱本書玉駱駝篇章）也是我將此玉雕斷代為東漢的依據。

▲底座反面

高古玉 華夏貴族遺珍
(Classical Jade · Treasures Inherited from the Aristocracy of the Middle Kingdom)
Hochantike Jade · Hinterlassene Schätze des Adels des Reiches der Mitte

　　橢圓玉蓋上雕有二龍、一鳳及一小豬。讀者從下列圖片也能認出它們。

二龍：　側面螭龍 ↓　　　　　　　　　昂首螭龍 ↓

一鳳 ↓　　　　　　　　　　　　　　一小豬 ↓

　　這件玉雕無論從玉質、造型或工藝來看，都到了出神入化的地步。至於沁色，玉埋在土下千年以上，受土裡所含物質的侵蝕，玉質疏鬆不堅的就會受沁，產生色澤的變化，玩玉的人稱它為沁色，玉質堅實細密就不易受沁。這件玉雕僅有極少的沁色，好質地，加上上好的造型、雕工與紋飾，無疑是一件藝術極品。

　　或許有人會問，有無可能是現代仿造的？

模仿古代紋飾，當然不成問題；困難在，你只能臨摹它的紋飾結構，而無法複製它的神韻，所以你可以模仿得唯妙唯肖，但與那個時代的作品相比較，就覺得缺少了什麼，這就是不可言傳的氣質神韻。古物研究之有趣也在於：假以時日，你會發現「真的假不了，假的真不了」！

研究此件玉雕，曾有一個問題困擾我相當長的時間，那就是我不明白為什麼這匹玉馬的造型如此特別：它頭小、頸長彎曲、四肢修長，不符合我們一般對馬的認知。沒想到這個問題在今年馬年開春之際，就獲得圓滿解決。高興之餘，特別提出來與各位分享：

依據旺報記者賴廷恆 2014 年 01 月 28 日的一篇報導《西漢品種改良馬神駿形象確立》：原來漢武帝時因連年與匈奴征戰，戰馬損失甚眾，而有致力馬種改良的想法，先是引進烏孫馬種，還不惜兩度遠征，奪回大宛種馬，後來把烏孫馬改名「西極」，大宛馬改名為「天馬」。並於都城長安按照最佳良馬尺度製作鑄造一匹青銅駿馬，作為擇良馬的標準。

在東漢末至魏晉時期的河西地區，駿馬的造型藝術達到高峰，最享盛名的是甘肅武威雷台古墓中隨葬的一組青銅車馬模型，共有銅馬 39 匹，都是「天馬」形貌。考古學家楊泓形容為「頭小而英俊、頸長而彎曲，胸圍寬厚，四肢修長，臀尻圓壯」。

同一墓葬出土的一匹銅奔馬，又稱馬踏飛燕，右後足踏住一隻回首後顧的飛隼，反襯出駿馬之神速。「馬踏飛燕」的形象後來被採用作為中華人民共和國國家旅遊局的識別標誌和「中國優秀旅遊城市」標誌的主體形象。

這件玉雕忠實呈現了當時駿馬的形貌。

# ㊷ 三異獸繞行圓筒

**年代：東漢**

**尺寸：高：10.5 cm**

◀圓筒容器下寬上窄。
　橢圓形口 長徑約 3.3cm，
　短徑約 3cm，口沿厚 0.4 cm

　　這三隻獸似虎非虎，應是想像中的異獸，身體緊貼圓筒繞行，雙眼圓睜，張口露齒吐舌；每足四爪銳利，神采飛揚。其中兩隻幼獸，前胸有雙鱗紋龍飾，第三隻前胸光潔應是母獸。三者都全身佈滿排列整齊的乳釘紋。絞絲紋的尾巴上揚，成行進狀。母獸右前腿踢指小獸，彷彿在告訴它：方向反了！

　　下列圖片是逆時針方向轉向拍攝的，希望給讀者一個全方位的觀點。

　　鏤空雕工藝成熟，刀工犀利。整體造型呈現活力與均衡之美！獸身的乳釘紋、中間圓筒表面的游絲紋、尾巴上的繩索紋都是漢代的時代風格。而異獸胸前的鱗紋龍更具有相當的指標作用，因為它與駱駝玉雕上的鱗紋龍同一風格，據此我將它斷代為東漢。

# 43 山羊與小熊玉佩

**年代：東漢**

尺寸：長 7 cm，寬 6.3 cm 兩面雕，紋飾同。

　　周南泉在其所著《古玉動物與神異獸卷》中第 209 頁提及，天津藝術博物館藏有一件名為「玉螭虎熊相鬥圖飾」的玉器，是一件飾一虎、一螭、一熊在雲間作戲鬥狀圖案的長方形扁平玉器如下圖，該熊與本玉佩的熊應係出自同一摹本，惟本玉佩之雕工似更為細緻，推斷為同時代東漢的作品。

▲ 請參：周南泉《古玉動物與神異獸卷》第 212 頁

小熊神情專注，手握球形物，似處在戰鬥狀態，誓與山羊抗衡；山羊則彷彿根本不把它放在眼裡。

它令我想到米開朗基羅的大衛像；大衛雙眉緊鎖怒視前方，左手執投石器，右手拿石頭，準備向巨人歌利亞 (Goliath) 開戰。

◀以小搏大，須以智取勝的道理，似乎不分古今中外都是一樣的。

# ㊹ 東漢隨葬玉器

　　下列的六件（組）玉雕，我將它們都斷代為東漢，根據的是同一來源的其中一組玉飾刻有東漢流行的吉祥語「長樂」。

　　這六件玉雕以及同一來源的其他玉器，紋飾均部分鎏金；雕工一流，但玉質並非一流，均為青玉或青白玉，令我懷疑它們可能係專供墓葬使用的器物，通常稱之為「明器」或「冥器」。而這位墓主人的身份極可能是位王者或皇親貴族，所以隨葬的玉器做工極為精美，但畢竟是用於冥界之器，生者不願浪費珍貴美好的玉材，所以權以次等玉材為之。

　　分別介紹如次：

## （一）胡人騎馬玉雕

　　　尺寸：高 8.5 cm，長 17 cm，寬 2.5 cm

高古玉 華夏貴族遺珍
*Classical Jade · Treasures bequeathed from the Aristocracy of the Middle Kingdom*
Hochantike Jade · Hinterlassene Schätze des Adels des Reiches der Mitte

　　這件玉雕造型怎麼看，都不像來自中原，反而有中亞風格。是否是受到中國北方至西伯利亞南方游牧民族的影響？在這塊土地上，曾有許多不同文化在此交匯，相互影響。他們的文物的紋飾反映了曾受到希臘、亞述、伊朗、埃及、甚至中國楚文化的影響；而漢代當時最主要的外來影響就是來自北方大草原的游牧民族，概稱為匈奴或胡人，胡人騎馬的造型可能由此傳到中國。

　　胡人短裙，頭纏布巾；跨馬揚鞭啟跑，小狗領銜往前衝，大蛇則向反方向竄逃，凸顯整塊玉雕的動感。

　　同樣的玉雕，一式兩件，我與好友 Ginger 各取一件，曾經懷疑是否還有更多的同型玉件？— Ginger 還曾在部落格介紹過。— 但不久就發現應該只有這兩件是相同的，因為從同一來源的玉雕中發現它們都是成對出現的，同形制，大小或略有差別，提供圖片如下供參考。

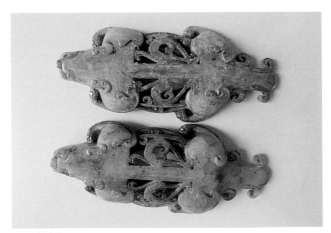

▲玉蟾蜍
中間部位琢透雕鳳紋

▲這組玉飾正面琢一螭龍，反面琢陽線「長樂」二字——東漢常見的吉祥語。

**◀透雕龍、鳳與熊玉飾**

形制與紋飾皆同，僅大小略有差別。

**▲玉劍首**

紋飾有浮雕玉舞人、鳳鳥和螭龍

## （二）天馬馱經 玉雕

尺寸：**高**：**10.5 cm** 長：11 cm 高：6 cm

▲玉雕左側

▲玉雕右側

▲玉雕底部的雲紋

　　無疑地這是天馬，因為它除了有羽翅外，還伏臥在雲端。馬馱的書籍繫以金色絲絹，顯示這是受重視的書籍。

　　玉馬張口露齒，四足中，右前足支地，左前足跪地，後兩足皆作伏地形。頸背凸出一脊稜飾以相當細的平行斜線紋表示鬃毛；這些都是漢馬的特徵（請參考周南泉：《古玉動物與神異獸卷》第172頁）。

　　以下是一則漢馬馱經書的典故：

　　據史籍記載，東漢永平七年(紀元64年)，漢明帝劉莊派大臣蔡愔、博士生秦景等赴西域求佛法。蔡愔、秦景等人在大月氏得到佛經四十二章經和釋迦牟尼的立像，並巧遇正在當地宣傳佛教的印度高僧迦葉摩騰和竺法蘭，他倆正要去東土傳法。他們隨即邀請兩位高僧同行，並一起用白馬馱載佛經、佛像，於永平十年(67年)十二月回到京都洛陽；蔡愔將印度高僧入境和取得《四十二章經》的事情奏知漢明帝。劉莊高興萬分，當即下令在洛陽建造佛教寺院。據史籍記載，寺院於東漢永平十年建成，為紀念白馬馱經之功勞，便取名「白馬寺」。

　　本玉雕天馬馱的書應也是經書無疑，馬雖非白（玉）馬，但應是同樣在表彰漢馬馱經的功勞。

## (三) 遊龍穀紋玉璧

尺寸：直徑約 16.7 cm

厚約 0.5 cm

▲正反兩面圖示

　　全璧分為三圈，正面內圈為一飛翔於天的遊龍，有簡單雲紋襯托；中圈為三角型鉤連穀紋的環，其連線為陰刻，穀紋凸起，內外周緣有斜向凸棱；外圈的環飾有形貌一致的五螭龍，雲紋見於螭龍的腰部，造成螭龍出沒雲靄中的效果。

　　背面內圈為與正面紋飾相同的遊龍；中圈的紋飾亦與正面同；外圈區則僅飾以鉤連穀紋，內外周緣同樣有斜向凸棱。

## （四）玉帶鉤 兩件

### 獸面紋帶鉤

尺寸：**高：10.5 cm** 長：15.5 cm 重：300 公克

◀正面

◀反面

▲玉帶鉤 首端的獸面紋飾

▲玉帶鉤底端的獸面紋飾

高古玉華夏貴族遺珍
Classical Jade · Treasures Inherited from the Residence of the Middle Kingdom
Hochantike Jade · Hinterlassene Schätze des Adels des Reiches der Mitte

## 人面紋帶鉤

尺寸：高：**10.5 cm** 長：15 cm 重 130 公克

▲正面

▲反面

## 首端為一羊頭，底端為人的左右手

　　帶鉤又名師比、犀比、飾比、鮮卑及胥紕等，原為北方草原游牧民族所使用，春秋戰國時期傳入中原。帶鉤的基本形制是下端有圓形柱頭，用於固定於皮帶孔，上端曲首作鉤，用來鉤掛皮帶的另一頭。銅、玉兩種帶鉤，流行於春秋戰國和秦漢時期。

## （五）展翅神獸 （屬於有翼神獸或稱辟邪獸）

尺寸：**高：10.5 cm**　長：10 cm　高：5 cm

　　2013 年在土耳其旅遊時，參觀伊斯坦堡國立考古博物館，驚見有相同題材的神獸造型（圖如下）。圖片說明為紀元前十六至紀元前二十世紀米索布達米亞的古物。

▲中國與米索布達米亞的展翅神獸之間是否有任何關聯值得作進一步的研究。

## (六) 雲紋龍鳳珮

尺寸：**高：10.5 cm** 長：13 cm 厚約 0.5 cm

▲兩面雕，兩面紋飾相同，S 形的龍鳳併體加上一小龍。大龍與小龍均朝向鳳，似在
對話，構思巧妙。

 **跋**

一個偶然的機緣使我開始收藏古玉。

許多年前，工作上接待兩位來訪的德國國會議員，他們想逛中國古董店，我的好友 Ginger 當時已收集古玉多年，她自告奮勇帶我們去她熟悉的古董店看貨。店老闆將許多玉件攤在桌面上，讓我們觀賞挑選，德國國會議員只看不買；倒是當我看到一件玉爵，簡直不敢相信世間竟會有如此美好的玉雕，雖然毫無有關玉的知識，當下仍決定擁有它，馬上到銀行提款買下。從此踏上了玩玉的不歸路。

Ginger 常說我是高檔切入，之後，陸續收藏了不少精美古玉，尤其醉心於有濃厚歷史文化氣息的高古玉。從不懂到廢寢忘食地閱讀有關玉器的書籍，增長關於古玉的知識，樂在其中。

　　許多玉痴都有過如此經歷：對古玉有了相當程度的了解後，錢也用完了；此時碰到好貨，沒錢買，好懊惱，覺得「次等貨」都買了，怎能就此走寶，有的就四方籌錢無論如何也要買下，有的還是繼續逛古董店，沒錢買，看看也好。古董店老闆稱玉痴晚期症狀都一樣！我也是經歷一段時間後，才領悟到：好東西買不勝買。所有的古物都曾被別人擁有過。而世間所謂的「擁有」也只是「暫時的使用權」。收藏古物還真是一種緣份，正是因為別人錯過了，你才有機會擁有，但也因你的錯過，別人才有機會拾得。自此隨緣收藏直到 2001 年因職務調動派駐國外工作以後，才不再蒐藏。

　　歷史上，只要是動盪不安的年代，古物的命運也同樣顛沛流離，多所轉手，況且十墓九空，致使有許多古物在民間流轉，更有不計其數的寶貴古物毀於兵燹動亂中，遠的不說，上世紀六、七十年代中國大陸的文化大革命，多少珍貴的古物就此灰飛煙滅毀於這場人為浩劫中！上千年的古物，能完整的來到你手中，是你的緣分，也是你的責任—同樣完整傳承下去的責任。

　　如今看到許多玉友投入大量的金錢買玉，繼而投入大量的時間研究玉，寫部落格或寫書發表研究心得，樂在其中。我想，古玉是會找主人的。

　　我何其有幸，能適時與不少美玉邂逅。在觀賞把玩之餘，雖然不知道它的原始主人是誰？但我試著了解它出現的年代，它的用途，以期不負與它在有限生命中的短暫相遇。雖然做不到張大千先生「不負古人告後人」的任重道遠，但期待此書的出版至少對下一位擁有使用權的人有所助益。

　　　　　　　　　　　　　　　　　　　　柯德 2014-03-18

國家圖書館出版品預行編目資料

高古玉：華夏貴族遺珍 / 柯德作. --初版. -- 臺北市：

商訊文化，2014 .07　面：公分. --　（商訊生活系列：YS02109）

ISBN：978-986-5812-25-6（精裝）

1. 古玉　　2. 玉器　　3. 中國

794.4　　　　　　　　　　　　　　　　　103012694

Hochantike Jade - Hinterlassene Schätze des Adels des Reiches der Mitte

作　　者／柯德

出版總監／張慧玲

編製統籌／吳錦珠

責任編輯／唐正陽

校　　對／王克慶

封面設計／林水旺

內頁設計／林水旺

出 版 者／商訊文化事業股份有限公司

董 事 長／李玉生

總 經 理／李振華

行銷主任／黃心儀

地　　址／台北市萬華區艋舺大道303號

發行專線／02-2308-7111#5722

傳　　真／02-2308-4608

總 經 銷／時報文化出版企業股份有限公司

地　　址／桃園縣龜山鄉萬壽路二段351號

電　　話／02-2306-6842

讀者服務專線／0800-231-705

時報悅讀網／http://www.readingtimes.com.tw

印　　刷／宗祐印刷有限公司

出版日期／2014年7月　初版一刷

定　　價：320元